KATHRIN SPOERR

WEIBER SACHEN

**EIN TROSTBUCH FÜR ALLE, DIE ZU
SCHWACH SIND, UM STARK ZU SEIN**

QUADRIGA

Dieser Titel ist auch als E-Book erschienen

Quadriga Verlag, Berlin, in der Bastei Lübbe GmbH & Co. KG

Originalausgabe

Copyright © 2012 by Bastei Lübbe GmbH & Co. KG, Köln

Umschlag (Design und Illustration): toepferschumann.de
Layout und Satz: Christina Krutz Design, Biebesheim am Rhein
Gesetzt aus der Adobe Garamond Pro und Futura
Druck und Einband: GGP Media GmbH, Pößneck

Printed in Germany
ISBN 978-3-86995-027-3

5   4   3   2   1

Sie finden uns im Internet unter: www.quadrigaverlag.de

Für Klara, Wilma und Mutti

INHALT

DIE FETT-TRILOGIE
Drei Kapitel für Menschen, die sich zu dick finden

GANZ SCHÖN UNFIT
Drei Kapitel für Menschen, die mehr Sport treiben wollen

DIE FETT-TRILOGIE

Drei Kapitel für Menschen,
die sich zu dick finden

Für Andrea, Anne, Julia, Karina und Susi

Und für Tante Karin

ZEHN JAHRE, ZEHN KILO

Wie ich eines Tages in den Spiegel sah und feststellte, dass ich zu dick geworden war und mir vornahm, wieder dünn zu werden

Als ich neulich vor dem Spiegel stand, gefiel mir gar nicht, was ich sah. Ich stehe natürlich jeden Tag immerzu vor irgendwelchen Spiegeln. In jedem ordentlichen Haushalt gibt es ja mehr davon, als einer Notwendigkeitsprüfung standhalten würde: Über dem Waschbecken, in der Garderobe, aber auch an Wänden, wo sie weniger offensichtlichen Nutzen haben, hängen heutzutage Spiegel herum. So ist es auch bei mir. Ich kann gar nicht anders, als mich beim Zähneputzen, beim Mützeaufsetzen und beim Vorbeigehen an den anderen, den überflüssigen Spiegeln anzuschauen.

Doch neulich war es anders. Ich sah mich nicht nur, sondern ich betrachtete mich. Es handelte sich um den großen Badezimmerspiegel. Ich betrachtete mich also und es war so, dass ich fand, dass es reichte. Dass es nun endgültig reichte. Also: Ich fand, dass es so nicht weitergehen konnte. Kurz: Ich fand mich zu fett.

Was war geschehen? Das letzte Mal, dass ich mich so im Spiegel betrachtet hatte, lag schon einige Zeit zurück. Ich muss zugeben, dass ich mich schon immer zu dick fand, auch als ich nur 53 Kilo wog, also vor ungefähr zehn Jahren. Und in diesen zehn Jahren hatte ich weiß Gott nicht alle Spiegel von den Wänden entfernt, um unbeobachtet fett zu werden. Tatsächlich ist es so, dass ich heute mindestens doppelt so viele Spiegel habe wie vor zehn Jahren. Ich habe sie gekauft, weil sie mir gefielen, weil sie hier oder da dekorative oder nützliche Zwecke erfüllten. Aber nicht, um mich, so wie neulich, darin zu betrachten.

Nun, da ich der Realität ins Antlitz gesehen hatte, wollte ich die ganze Wahrheit wissen. Dazu musste zunächst das Faktische geklärt werden. Ich wollte Wahrheit in Form von Zahlen. Um mich gegen das Unvermeidliche zu wappnen, schätzte ich erst einmal. Ich schätzte großzügig, damit ich später, wenn Beweise vorliegen würden, vielleicht ein bisschen erleichtert sein könnte. Aber irgendwann war der lange hinausgezögerte Schritt, der Schritt auf die Personenwaage, nicht länger aufzuschieben.

Leider bestätigte meine Waage meine pessimistischsten Erwartungen, und es gab keinen, gar keinen Grund, irgendetwas zurechtzuinterpretieren. Es gab erst recht keinen Grund, heimlich erleichtert zu sein: In den letzten zehn Jahren waren ziemlich genau zehn Kilo dazugekommen. Zehn Kilo! Pro Jahr ungefähr ein Kilo. Ich versuchte, mir ein Kilo vorzustellen. Ein Kilo Fett dürfte wohl so viel sein wie ein Liter Milch. Zehn Kilo waren zehn Liter Milch, also praktisch ein ganzer Eimer voll. Zehn Kilo Fett waren nun gleichmäßig an meinem Körper verteilt. Nicht einmal bei meinen Schwangerschaften, als ich also jeweils ein ganzes Kind und dazu noch einen Haufen Wasser in Bauch und Beinen mit mir herumschleppte, hatte ich so viel Lebendgewicht auf die Waage gebracht.

Hätte mein Körper die Gnade gehabt, problemzonenweise Fett anzulagern, wäre das hier bestimmt nicht passiert. Hätten die Massen sich nur am Bauch, nur am Hintern oder nur an den Oberschenkeln angelagert, so wäre ich bestimmt schon nach zwei Kilo erwacht aus diesem Dämmerzustand des langsamen Fettwerdens. Das hatte er aber nicht getan. Beim Betrachten sah ich es. Ich sah es überall, wo es sich festgesetzt hatte: Natürlich dort, wo es den klassischen weiblichen Körper üppig macht, in jenen Zonen, auf die sich die Fitnessstudios der Welt spezialisiert haben – an Bauch, Beinen, Po. Aber nicht nur dort. Sondern auch an den Armen! Am Hals! Im Gesicht! An den Hüften! Und – am schlimmsten – am Busen!

Ich muss zugeben, dass ich mit all diesen Fürchterlichkeiten noch gerade so hätte leben können. Sogar mit der Hüfte, die, wie ich in aller Deutlichkeit sah, irgendwie in die Höhe gewachsen war. Ja, auch diese Hüfte, die dabei war, sich in den Bereich der Taille hochzuarbeiten, hätte ich ertragen können. Aber den Blick auf diesen Busen, den ertrug ich nicht. Mein Busen war regelrecht explodiert. Ein großer Busen, das war immer so ziemlich das Hässlichste, was ich mir vorstellen konnte, allen (ich möchte fast sagen: perversen) Wünschen meiner männlichen Artgenossen zum Trotz. Ich hätte lieber einen Hintern gehabt wie ein Brauereipferd, Beine wie Elli Pyrelli und einen Bauch wie Berlins Sechslingsmutter, aber nicht einen Busen wie Dolly Buster.

Woher diese ländliche Üppigkeit kam, hatte ich mir schnell klargemacht: Stoffwechseltechnisch ist es bekanntlich so, dass man, wenn man zehn Jahre älter geworden ist, schneller fett wird, auch wenn man das Gleiche isst wie zehn Jahre zuvor. Wahr ist wohl auch, dass das Kinderkriegen und das Cocooning mit dem eigenen Fleisch und Blut nicht dazu taugen, den Body-Mass-Index nach unten zu treiben. Schließlich kommt bei mir noch hinzu, dass ich irgendwann aufgehört habe, auf Dauerdiät zu sein. Ich habe einfach damit aufgehört, täglich zwei, drei, vier, fünf oder auch 20 Mal auf die Waage zu steigen und innerlich grammweise Buch zu führen über meinen Abstand zum Traumgewicht von deutlich unter 50 Kilo und dabei genau zu differenzieren in Morgengewicht, Abendgewicht, Angezogengewicht, Nacktgewicht, Vorklo- und Nachklogewicht. Ich habe ganz und gar damit aufgehört, mich zu wiegen.

Dabei war ich früher im Wiegen eine Spezialistin. Natürlich berücksichtigte ich beim Wiegen die Tageszeit, die Jahreszeit, meinen Zyklus und die Zahl der absolvierten »Fatburner«-Stunden im Fitnessstudio. Große Bedeutung maß ich damals aber auch der Art bei, wie ich auf der Waage stand: Beugte ich mich vor, wog ich sofort 800 Gramm mehr. Je weiter ich mich zurückbeugte, desto leichter wurde ich. Wollte ich mein unmanipuliertes Gewicht erfahren, musste ich also immer in der gleichen Weise auf der Waage stehen. Damit keine ungewollten Ungenauigkeiten entstanden, hatte ich mit einem roten Edding zwei Kreuzchen auf die Waage gezeichnet. Auf diesen Kreuzen hatten meine beiden großen Zehen zu stehen. Dieses – und nur dieses – Messergebnis zählte.

Zu meinem 32. Geburtstag schenkte mir meine beste Freundin Imke dann eine Hightech-Waage. Die konnte auf irgendeine geheimnisvolle Weise den Fettgehalt meines Körpers ausrechnen. Eigentlich eine feine Sache, fand ich. Aber beim ersten Benutzen stellte sich heraus, dass diese Waage nicht ganz richtig im Kopf war. Sie wog mich um mehr als ein Kilo schwerer. Sie war noch nicht mal in der Lage, zu unterscheiden, ob ich vorn, hinten, links oder rechts stand. Ein Kilo mehr? Einfach so? In einer Zeit, in der ich um jedes Gramm rang, war so eine Waage natürlich nicht akzeptabel. Sie hat sehr schnell über eBay einen neuen Besitzer gefunden.

Mit meiner alten Soehnle und ihren herrlich altmodischen roten Digitalzahlen hatte ich solche Probleme nicht. Mit dieser treuen Seele erlebte ich vor Jahren viele beschwingte Morgenstunden. Diese verliefen so: aufstehen – wiegen, aufs Klo gehen – wiegen, Pyjama ausziehen – wiegen. Noch einmal auf die Waage steigen und erst weit, dann weiter und beim letzten Mal ganz weit nach hinten beugen. Auf diese Weise hatte ich innerhalb von drei Minuten anderthalb Kilo abgenommen und sofort gute Laune.

Aber irgendwann, nach vielen, vielen Jahren, erklärte ich diese Art von Beschäftigung für Zeitverschwendung und zudem für eigentlich dauerfrustrierend. Die Themen Abnehmen, Hungern, Fasten sollten der Vergangenheit angehören! Dieser Entschluss fiel ungefähr in die Zeit der Familiengründung. Eine Mutter sollte über Teenager-Benehmen erhaben sein, fand ich damals. Und das finde ich eigentlich heute noch. Bis zu jenem Tag vor dem großen Badezimmerspiegel.

Ich fasste nun einen Entschluss, der mir so fest vorkam wie Granit. Die zehn Kilo sollten wieder weg. Und weil diese Granithärte mich stark und froh machte, verzichtete ich sofort auf das Frühstück. Die Kinder aßen ihr warmes Nutellabrötchen wie immer. Sie ließen wie immer die Hälfte liegen. Und ich nahm die verlockenden Frühstücksreste, nahm sie wie jeden Morgen. Doch ich aß sie nicht auf wie sonst, sondern ich schmiss sie froh und standhaft in die Mülltonne. Das, fand ich, war ein guter Anfang meines neuen Lebens.

Doch schon gegen Mittag wurde ich unsicher. Der Hunger hatte inzwischen mehrfach an die Magenwand geklopft. Das konnte ich in meiner Prä-, Post- und Spät-Teenagerzeit sehr gut aushalten. Damals hungerte ich ohne Mühe wochenlang. Jeder Apfel machte mir damals schon ein schlechtes Gewissen. Und weil Sport den Weg zum Untergewicht beschleunigt, tobte ich täglich ins Fitnessstudio und gab mir physisch den Rest. Es war eine schreckliche Zeit. So sollte es nie wieder werden. Ich musste es also anders angehen. Aber wie? Ich tat das, was alle Frauen in dieser Situation tun: Ich rief meine Freundinnen an.

Es stellte sich schnell heraus, dass alle, wirklich alle meine Freundinnen Expertinnen auf dem Gebiet waren. Jede von ihnen hatte nicht nur Erfahrungen mit dem Thema postfamiliärer Gewichtszunahme, sondern jede war akut damit beschäftigt, ihr derzeitiges Gewicht zu reduzieren. Einige schon seit Jahren.

Andrea versuchte es mit Trennkost. Sie ernährte sich einfach einseitig. Mit nur Eiweiß, nur Fett oder nur Kohlehydraten. Ihr Körper war also immerzu geflutet und unterversorgt zugleich. Als ich sie anrief, war sie gerade in der Eiweißphase. Fünfmal am Tag aß sie zwei gekochte Eier mit Salz. Hatte ihr Körper Appetit auf Süßes, fütterte sie ihn mit Eiern. Hatte er Lust auf Nudeln, gab sie ihm Eier. Wollte er Obst, bekam er Eier. Andrea war dabei nicht sehr glücklich. Und ihr war immerzu schlecht.

Anne versuchte es mit »Schlank im Schlaf«. Sie erzählte mir eine halbe Stunde lang, was dabei zu tun ist. Es klang irgendwie wissenschaftlich, und ich verstand nicht recht, wie es wirkte, was unter anderem daran gelegen haben mag, dass Anne es auch nicht richtig verstand. Jedenfalls, das habe ich zweifelsfrei verstanden, ist es bei »Schlank im Schlaf« mitnichten so, dass man nur zu schlafen braucht, um schlank zu werden.

Susi versuchte es mit FDH. Sie war also eine von

denen geworden, die einen vollen Teller nur halb leer es-
sen, eine von denen, die »Nein danke« sagen, wenn die
Tüte Gummibärchen rumgeht, eine von denen, die sich
Margarine statt Butter aufs Brot schmieren.

Julia hatte gerade wieder eine »Brigitte«-Diät hinter
sich. Frühling für Frühling versucht sie es damit und
nimmt ab. Und spätestens im Sommer hat sie wieder
zugenommen. Julia hatte es satt. Darum hat sie sich in
diesem Herbst für einen neuen Weg entschieden, einen
Weg, der mich, wie ich zugeben muss, mit Respekt,
Neid und Ekel zugleich erfüllte: Sie plant einen Besuch
bei Professor Mang in der Bodenseeklinik. Er soll ihren
Wohlstandspfunden mit der Methode der Absaugung
ein für alle Mal beikommen.

Zum Schluss sprach ich mit Karina. Karina versuchte es mit professioneller Hilfe. Dabei, sagte sie, gehe
es nicht um quälende Diät, um Entzug, um Hungern
und Widerstehen. Es gehe nicht um Schmerzen. Es gehe
um »Ernährungsumstellung«. Ein sympathisches Wort,
fand ich. Es klingt irgendwie robust, gesund und nachhaltig. Ein Coach half ihr beim Abnehmen. Und eine
Gruppe. Soziale Kontrolle, Gruppendynamik, multiple
Motivation. Ich war begeistert. Ich war überzeugt.

Als sie mir dann sagte, die gruppendynamische Mo-
tivationsveranstaltung heiße Weight Watchers, musste
ich schlucken. Natürlich kannte ich Weight Watchers
schon vor dem Gespräch mit Karina. Man kann Weight
Watchers ja auch eigentlich gar nicht nicht kennen.
Was ich bisher über Weight Watchers wusste, war, dass

Weight Watchers so etwas Ähnliches sind wie die anonymen Alkoholiker – Entzug für Superfette. Weight Watchers ist uncool, asozial und peinlich. Selbstverständlich hatte ich in meinem bisherigen Leben nicht einmal ansatzweise in Betracht gezogen, auch nur darüber nachzudenken, zu einem solchen Lower-Class-Treffen zu gehen.

Ich sah mir Karina an. Sie hatte zwar immer noch zu viele Liter Fett an sich, sympathischerweise sogar deutlich mehr als ich. Aber: Vor dreizehn Monaten, als ihr drittes Kind auf die Welt kam, war sie noch deutlich üppiger gewesen, da hatte sie mindestens einen Eimer mehr Fett auf ihrer Körperoberfläche mit sich herumgeschleppt. Sie war den Eimer wieder losgeworden – und zwar mit Weight Watchers. Und von Lower Class ist Karina mehrere soziale Schichten weit entfernt.

Mir schwante, dass meine frühere Einstellung zu den Weight Watchers möglicherweise deshalb eine andere war, weil ich dieses Schlüsselerlebnis vor dem großen Badezimmerspiegel noch nicht hinter mir hatte. Und dann erzählte mir Karina Folgendes, dass sie nämlich gerade eine Hose, die sie vor Jahren aufgegeben, als für immer unerreichbar erklärt und in den Keller gebracht hatte, dass sie diese Hose heute Morgen aus dem Keller geholt und einfach angezogen hat. Sie passte ihr wieder! Obwohl sie, wie sie beteuerte, mit Weight Watchers nicht ein einziges Mal Hunger hatte. Hunger nicht, nur Heißhunger. Und den hat sie niedergerungen! Mit der Kraft der Gruppendynamik.

Ich erinnerte mich an meine helle Lieblingsjeans,

die ich vor zehn Jahren das letzte Mal angezogen habe, die ich aber trotz all der Liter Fett, die sich auf meinem Körper niedergelassen haben, niemals weggeworfen hätte, weil die Erinnerung daran, wie gut ich darin aussah, mir schmeichelte und weil ich immer der Meinung war, diese Hose werde ich eines Tages wieder tragen können. Dieser Tag, das Comeback meiner hellen Levi's, schien mir in diesem Moment zum Greifen nahe.

Und ich erinnerte mich an meinen eigenen Heißhunger. Ich hatte niemanden, der mir half, ihn niederzuringen. Ich hatte mich in den letzten zehn Jahren an ihn gewöhnt. An jedem Abend, den der liebe Herrgott werden ließ, kam er zu Besuch und wollte, dass ich Dinge in mich hineinstopfe: Schokoladentafeln, Schokoladenpralinen, Schokoladenkekse, Schokoladenriegel, Schokoladenpudding, Schokoladentorte, Schokoladenweihnachtsmänner, Schokoladenosterhasen, Schokoladenmilch, Schokoladenknuspermüsli, Schokoladencornflakes, Schokoladentoffees, Schokoladengeleebananen, Schokoladeneiscreme, kurz: alles, was die Schokoladenindustrie so herstellt, um den Heißhunger zu stillen, der Frauen über 30 allabendlich heimsucht. Damit, das wusste ich seit dem Gespräch mit Karina, sollte, musste und würde es nun ein Ende haben.

Ich fasste einen Entschluss. Ich wollte von heute an spielerisch und berufsbegleitend die Waage zurückdrehen auf die Zeit vor zehn Jahren, auf die Zeit meiner hellen Jeans, die im Schrank ganz zuunterst auf ihre Rückkehr wartete. Ich wollte zu den Weight Watchers.

OBST, IMMERZU OBST

Wie ich versuchte, mit Weight Watchers abzunehmen, bis ich merkte, dass Weight Watchers wirklich so blöd ist, wie ich gedacht hatte

Weihnachten war es dann so weit. Anfang Dezember wurde bei uns wieder die Weihnachtsbäckerei eröffnet, und ich verfluchte wie jedes Jahr Rolf Zuckowski, der mit seinem Gesinge weihnachtliches Backen mit Kindern in den Alltag der Durchschnittsdeutschen zurückgeholt hat, kurz bevor es in der kulturellen Versenkung verschwunden wäre. Wochenlang lag schweres Aroma von Butter und Zucker, von Schokolade und anderen nahrhaften Lebensmitteln im Haus. Verschärfend kamen Kälte und Schnee hinzu. Was sollte man da anderes tun, als zu backen und zu braten und am Ende all das Zeug vor dem Kamin aufzufressen?

Natürlich essen die Kinder nicht mit. Ihnen genügt die Kleckerei in der Küche. Aufessen muss ich, die Mutter. Ich freue mich dann immer auf meinen Freund. Der hilft mir gern beim Verzehr der Plätzchenmassen, was allerdings seinem Waschbrettbauch nicht wirklich guttut.

So war es gekommen, dass ich kurz nach Weihnachten und kurz vor dem Jahreswechsel merkte, dass meine bequeme Lieblingshose plötzlich im Bauchbereich unbequem geworden war. Dann folgte jener lange, sehr lange Blick in den großen Badezimmerspiegel und die Erkenntnis: Ich war fett geworden – und das war nicht gut so. Wäre Karina nicht gewesen, ich hätte wohl gemacht, was ich in ähnlichen Situationen zuvor getan hatte: wegsehen, verdrängen, Kinder anmeckern.

Doch das Gespräch mit Karina über ihre Erfahrung mit Weight Watchers hatte mich nachdenklich gemacht: Acht Kilo in zwölf Wochen. Für kleines Geld. 11 Euro pro Sitzung – der Preis für ein Dessert im »Borchardt«. Das ist eigentlich fast zu billig dafür, das teuer angefressene Wohlstandsfett ohne Schmerzen wieder loszuwerden.

Es ist lange her, dass ich mir für irgendein neues Jahr etwas vorgenommen habe. Mit ungefähr neun Jahren hatte ich mal versprochen, mit dem Popeln aufzuhören. Es war mir aber nicht gelungen. Solange ich erwachsen bin, war ich immer erhaben über silvesterliche Vorsätze, unter anderem deswegen, weil ich, seit ich neun war, wusste, dass es schwer ist, das ganze Jahr über so stark zu sein wie an diesem Abend.

Nun aber gelobte ich: »Die zehn Kilo kommen weg!« Genau diese Worte sprach ich. Und ich sprach sie vor strengen Zeugen: vor meiner Mutter und meiner Schwägerin. Mein Freund war auch dabei. Er ist aber als Zeuge komplett unbrauchbar. Denn er ist freundlich und sieht immer alles positiv, selbst meine steigende Hüfte, meinen schwellenden Busen und meine stattlichen Oberschenkel. Er ist einer von den Männern, die einem Worte ins Ohr flüstern wie: »Je mehr von dir da ist, desto besser!« Er meint es noch nicht einmal ironisch, sondern so, wie er alles meint: freundlich und positiv.

Nachsicht war aber das Letzte, was ich von jetzt an brauchen konnte. Wer abnehmen will, muss stark sein. Wenn nach Tagen und Wochen die Momente kommen würden, in denen ich schwach und wütend und schrecklich hungrig sein würde, wenn der Heißhunger mir seinen Abendbesuch machen würde, dann wäre ein freundlicher Mensch, der mir die Schokolade bringt, nach der ich verlange, das Schlimmste, was mir zustoßen könnte.

Dass ich mit Weight Watchers versuchen wollte, meine Üppigkeit zu reduzieren, verschwieg ich am Silvesterabend. Es war mir irgendwie unangenehm, vor allem vor meiner Schwägerin. Ich wollte vor ihr nicht wie ein sozialer Absteiger dastehen.

Am Neujahrsmorgen schaltete ich meinen Computer ein und fand mithilfe einer Suchmaschine sogleich die zeitlich und wohnortmäßig passende Gruppe. Immer mittwochs um 18 Uhr traf sie sich ganz bei mir in der Nähe im Berliner Südwesten. Am ersten Mittwoch im neuen Jahr hatte diese Gruppe ein neues, besonders hoch motiviertes Mitglied.

Ich war so motiviert, das ich mich in die erste Reihe setzte. Der Raum war sehr klein und sehr gut gefüllt, überwiegend mit Geschlechtsgenossinnen. Der weibliche Coach hieß, sagen wir mal, Beate. Beate sah sich fröhlich in ihrer im Januar traditionell sehr groß gewordenen Schar um und nickte mir und den anderen Erstlingen aufmunternd zu. Es waren einige da, die, wie ich, Weihnachtsmast und Silvestervorsatz hinter sich hatten.

In der ersten Reihe saß ich so dicht vor Coach Beate, dass sich unsere Knie fast berührten. Ich schlug, weil ich eine Berührung unbedingt verhindern wollte, die Beine übereinander, obwohl ich weiß, dass Übergewicht nicht ansteckend ist. Bevor es losging, hatte ich noch etwas Zeit, um mich unter meinen neuen Mittwochsgefährtinnen umzusehen. Es waren einige unter ihnen, die wirklich, wirklich überreif waren für eine Diät. Es gab aber auch solche Frauen, die noch nicht fett, sondern lediglich zu fett waren. Bei den Stattlichsten unter ihnen reichte das Hüftfett allerdings schon bis an die Schultern – mit dem Effekt, dass die Oberkörper total deformiert wirkten. Sie sahen von hinten aus wie Kästen mit runden Ecken, wie weiche, atmende Schränke, taillenfrei und eingeschnürt. Kurven gab es nur noch dort, wo die BHs und ihre überaus stabilen Träger die Fettschichten einkerbten.

Von vorn sahen die dicksten dieser Frauen auch nicht viel besser aus. Sie kamen mir vor wie Geiseln ihrer Brüste. Von Brüsten, die so groß waren, dass auch der stabilste BH sie nicht halten konnte, und die darum auf ausladendem Bauchspeck Halt suchen mussten. Das sah nicht schön aus, und die Frauen taten recht daran, hier zu sein.

Ich will die Männer nicht unterschlagen. Vier Stück hatten sich unter die 20 Frauen gemischt. Sie trugen ihre Probleme an der Vorderseite mit sich herum. Ich fand ihre dicken Bäuche, vor allem aber ihre bloße Anwesenheit ziemlich störend. Es gibt Zonen, da stören Männer, und in der genuin weiblichen Problemzone Weight Watchers störten sie allemal.

Es kann aber sein, dass das nur mir so geht. Mich stört es auch, wenn Männer und Frauen, wie im Intercity-Express der Deutschen Bahn, das gleiche Klo benutzen müssen und wenn Männer und Frauen, wie heute üblich geworden, im gleichen Friseursalon sitzen. Ich sehne mich dann immer in die Zeiten zurück, in denen die Friseursalons entweder »Brigitte« oder »Peter« hießen und geschlechtermäßig klar getrennt waren.

Dass ich mit meinem Gefühl irgendwie richtigliege, merkte ich vor etwa einem Jahr, als ich beim Friseur einen Kollegen traf. Besser gesagt, ich traf ihn nicht, ich sah ihn. Er hatte die eine Kopfhälfte schon geschnitten, und zwar peinlicherweise ohne vorher waschen zu lassen. Ich hatte eine Packung Farbe auf dem Kopf und erkannte mich so selbst kaum. Die Situation war nicht nur mir unangenehm, sondern auch ihm, der im normalen Leben ein höflicher Mensch ist, der nie vergisst, »Guten Tag« zu wünschen. Hier aber bemühten wir uns beide darum, aneinander vorbeizusehen, was schwer ist, wenn überall Spiegel hängen und man nicht so leicht den Platz wechseln kann.

Da ich aber heute in der ersten Reihe saß, musste

ich mich nur umdrehen, um die Männer aus meinem Gesichtskreis zu entfernen. Die Frauen waren auch viel interessanter. Denn es gab nicht nur die Superdicken. Ziemlich viele waren von Adipositas sogar überraschend weit entfernt. Sie sahen mehr oder weniger so aus wie ich. Leider machte mir ein kurzer, aber präziser Check schnell klar, dass ich nicht mal in dieser Gruppe die Schlankste war.

Der Raum war voller Motivation. Wohl auch darum war es hier so heiß. Beate, welche die Mitglieder zunächst gewogen, dann 11 Euro Gebühr kassiert hatte, begann zu reden. Das Thema lautete: »Wie überwinde ich meinen inneren Schweinehund? Sinn und Zweck der ProPoints«, oder so ähnlich.

Beate hatte Schautafeln dabei, die sie von der Weight-Watchers-Zentrale bekommen hat. Sie hatte schnell dargelegt, warum ProPoints viel besser geeignet sind, Ernährung zu valorieren, als beispielsweise die altmodischen und von amerikanischen Wissenschaftlern längst in Misskredit gebrachten Kilokalorien.

Beate hatte auch ihre alte Hose dabei, die sie gern zeigte und die sie auch bei den kommenden Treffen immer wieder präsentieren würde. Es handelte sich um ein zeltartiges Gebilde, das alle handelsüblichen Konfektionsgrößen bis rauf zur 48 niedlich aussehen ließ. Zur Wanddekoration der Weight-Watchers-Treffen gehörte auch ein nicht sehr schmeichelhaftes Foto, das Beate in einer Leibesfülle zeigte, an die sie sich, wie sie selbst bekannte, nicht so gern erinnerte.

Beate lacht auf dem Foto. Sie lachte auch jetzt viel und gern. Auch wenn es nichts zu lachen gab. Gute Laune, schoss es mir durch den Kopf, muss etwas Angeborenes sein. Ich an ihrer Stelle wäre eher in der Nähe einer stärkeren Depression.

Das Foto und die Hose waren Beates Trophäen. Sie war stolz darauf, denn, das würde sie bei jeder Sitzung wiederholen, sie hatte selbst mit Weight Watchers abgenommen. Sie hatte vermutlich so viel abgenommen, wie ich noch nie gewogen habe. Und trotzdem – schlank war sie nicht.

Bevor ich das erste Mal die heilige Weight-Watchers-Waage betreten durfte, bevor ich ein Tagebuch, eine Mitgliedsnummer und das Privileg bekam, hier mit Namen angesprochen zu werden, begann ich mich zu fragen, ob dies hier die Art Motivation war, nach der ich gesucht hatte. Ich schob meine Zweifel beiseite, denn ich weiß, wie gut ich darin bin, mit Selbstzweifeln dies oder jenes kaputt zu machen. »Meine Selbstzweifel haben hier nichts zu suchen«, dachte ich mir und sah auf das Foto von Beate, die lachte, obwohl sie so dick war, dass es nichts zu lachen gab.

Ich hörte Beate zu und merkte schnell, dass sie sich mit dem inneren Schweinehund gut auskannte, bestimmt so gut wie ich. Sie wusste, dass er morgens klein und schwächlich ist, gegen Mittag das erste Mal aufwacht, aber mit ein paar Tricks bezwungen werden kann, dann aber am Abend zur Hochform aufläuft. Der Abend-Schweinehund ist auch deswegen so schwer zu bekämpfen, weil er zwei fiese Mitstreiter hat: den Fernseher und den Kühlschrank. Das alles wusste die lachende Beate. Ich fühlte mich verstanden.

Die anderen Frauen auch. Es begann so etwas wie eine kollektive Beichte. Die Frauen beichteten sich ihre Sünden von der Seele. Sie beichteten die zwei Tafeln Schokolade, die innerhalb von fünf Minuten verschlungen worden waren, sie beichteten Chips- und Studentenfutterorgien, Sahnetortenexzesse und heimliche Besuche bei McDonald's.

Eine Dame, schon in den Sechzigern, brauchte nur drei Worte, um die Gründe für ihre mangelhafte Disziplin zu beschreiben: »Hunger tut weh«, sagte sie und schaute Beate flehend an, denn bei ihr »bewegt sich seit Monaten nichts«. »Versuchen Sie es doch mit einem Fischgericht. Und mit Reis«, sagte Beate, doch der Blick der Dame wurde noch trauriger: »Ich mag doch keinen Fisch. Und Reis schon gar nicht.« Nun verlangte Beate das Ess-Tagebuch der Dame, doch es stellte sich heraus, dass die Dame ihr Tagebuch nicht führte. Und dann wurde Beate streng: »Abnehmen ist ein Langzeitprojekt, meine Damen. Sie müssen mitarbeiten!«

Die strenge Beate hat mich überzeugt. Am Ende zahlte auch ich meine 11 Euro Sitzungsgebühr. Und durfte dann das erste Mal auf die Weight-Watchers-Waage. Dann passierte etwas, das mein junges Vertrauen massiv erschütterte. Ich sollte mich mit Schuhen wiegen! Ich habe mich in meinem Leben Tausende Male gewogen, aber noch nie habe ich dabei die Schuhe angelassen. Doch ich wollte der strengen Beate nicht schon am ersten Mittwoch mit Widerstand kommen. Ich stieg mit meinen mindestens 20 Kilo schweren Winterstiefeln auf ihre Waage, schloss die Augen und wartete demütig.

Beate las ab und schwieg. Dann griff sie zum Taschenrechner. Sie tippte und tippte. Es war ein geheimnisvoller Moment, denn ich wusste, jetzt kommt die Formel zum Einsatz. Jene Zauberformel, die aus drei oder vier Parametern meinen persönlichen Ernährungswegweiser für die nähere Zukunft erstellt. Diese Formel ist die Krone und das Unternehmensgeheimnis von Weight Watchers. Dann sprach Beate leise, diskret und erbarmungslos mein Urteil: »Neunundzwanzig.« 29 ProPoints pro Tag. »Ja, sei hart zu mir, Beate«, hörte ich eine innere Stimme sagen. Und im Hintergrund kicherte jemand, der sich wie mein innerer Schweinehund anhörte.

Mit diesem Urteil, zwei Tütensuppen aus Beates fliegendem Supermarkt und dem legendären Einkaufsführer der Weight Watchers ging ich nach Hause. Jetzt gehörte ich dazu.

Zwischen Mittwoch und Mittwoch lagen sieben lange Tage. Ich schwebte auf einer Wolke der Veränderung. Alles sollte anders werden. Zuerst das Einkaufen. Ich wollte besser einkaufen: fettärmer, disziplinierter, bewusster, fröhlicher. Das Erste, was ich dabei lernte, war aber leider, dass Einkaufen plötzlich viel länger dauerte. Denn ich musste bei all den Nahrungsmitteln, die nun in meinen Einkaufswagen wandern sollten, immer erst in meinem neuen Einkaufsführer nachsehen und die ProPoints-Wertigkeit bestimmen. Das war überraschend zeitraubend. Als meine Einkäufe dann so dalagen, auf dem Fließband der Kasse, staunte ich kurz über den Anblick. All die Light- und Fitnessverpackungen: Sie waren bunt, aber irgendwie dennoch freudlos anzusehen.

Auch Essen wurde jetzt anders. Ich aß Fisch, obwohl ich Fisch nie gemocht habe. Ich aß nicht Lachs (5 ProPoints), sondern Kabeljau (2 ProPoints). Ich aß Quark der Magerstufe, obwohl ich Quark immer ekelhaft fand (6 ProPoints). Ich kippte mir Süßstoff rein, viel sogar, denn ich wollte die Illusion, etwas Süßes zu schlucken. Ich aß Salat. Nur zwei Löffelchen Öl (4 ProPoints) und nur 10 oder 12 Pinienkerne (3 ProPoints). Und Obst. Immerzu Obst, denn Obst hat 0 ProPoints. Ich machte eine ganz neue Erfahrung: Ich merkte, dass ich voll sein kann bis an den Rand mit Obst, Salat, Fisch, Quark – und trotzdem unerträglichen Hunger habe. Auf einen Duploriegel (8 ProPoints), auf eine Handvoll Tropifrutti (7 ProPoints) und auf ein Magnum-Schokoladeneis (12 ProPoints).

Es war Mittwoch. Eine unkulinarische Woche lag hinter mir, als ich auf die Waage von Beate stieg. Beate gratulierte mir. Ich wog 1,5 Kilo weniger. »Das sind sechs Päckchen Butter«, rechnete Beate blitzschnell aus und lachte. Das Wort »Butter« löste bei mir einen Speicheleinschuss aus. Kein Wunder, wenn man tagelang

Sachen wie Fisch und Quark in sich reingewürgt hat. Ich müsste nur so weitermachen, dann wäre ich in acht Wochen am Ziel.

Acht Wochen mit Fisch und Quark, dachte ich. Und danach womöglich immer weiter, damit ich in der Königssportart der Weight Watchers nicht versage – dem Gewichthalten. »Ein Leben mit Kabeljau und Magerquark, ist das noch ein Leben?«, fragte ich mich. Es war ein trauriger Moment, obwohl ich spürte, dass meine Hose heute anders saß. Lockerer.

Die Wochen zogen ins Land. Mehrfach war ich in dieser Zeit an den Punkt gekommen, an dem die Gier nach einem Schokoladendessert, einem Stückchen Gänsestopfleber oder einer Tüte Tropifrutti mich wild und wütend gemacht hatte. Doch ich versagte mir alles, was schmeckt. Ich kochte die wöchentlichen Weight-Watchers-Rezepte nach, die irgendwie nach Amerika schmeckten, und führte mein Ess-Tagebuch. Einmal, als ich traurig und hungrig und gierig zugleich war, fragte mich mein Freund, ob er vielleicht zum Minimarkt der nächsten Tankstelle fahren solle. Da hätte ich ihm dann fast die Augen ausgekratzt.

Zehn Wochen lang aß ich nach Regime und führte mein Regimentstagebuch. Das war dann das Erste, was ich einstellte. Bei Beates Mittwochstreffen hörte ich weiterhin geduldig zu, wenn es um ProPoints-gerechtes Kochen, um Motivation durch Kollegen oder um Frustration durch Familienmitglieder ging. Aber eigentlich kam ich wegen Beates Waage, die trotz meiner Schuhe freundliche Ergebnisse anzeigte. Eines Mittwochs aber passierte etwas Schreckliches. Hinter mir lag eine überaus frugale Woche, eine Woche ohne Butter, »Borchardt« und Bocuse. Doch als ich auf die Waage stieg, hatte ich *zu-*, ich wiederhole, ich hatte *zu*-genommen!

Ich war so frustriert, dass ich erst mal ein paar Stunden lang mit meinen Freundinnen telefonieren musste. Dabei stellte sich heraus: Karina war inzwischen weg von den Weight Watchers, weil sie wieder schwanger war. Anne hatte mit »Schlaf im Schlaf« aufgehört, weil amerikanische Wissenschaftler herausgefunden haben sollen, dass Diäten sowieso nichts taugen. Sie ist nun Mitglied in einem Fitnessstudio der Edelklasse und hat sich vorgenommen, dreimal pro Woche hinzugehen.

Julia war inzwischen zur Fettabsaugung in der Bodenseeklinik, konnte aber über Ergebnisse noch nichts berichten, weil die Wunden noch nässten und sie 14 Tage lang ein medizinisches Mieder tragen musste.

Andrea hatte es mit Trennkost nicht mehr ausgehalten und plante erst mal einen Urlaub auf Fuerteventura, für den nur noch ein Bikini gekauft werden musste, der ungünstige Körperregionen weniger betonte.

Und Susi hatte mit FDH drei Kilo abgenommen, war dann aber in einen familiären Geburtstagsfeier-Marathon geraten, in dem sie ziemlich schnell vier Kilo zugenommen hatte. Sie war aber fest entschlossen, die vier Kilo wieder loszuwerden.

Plötzlich, ungefähr zwölf Wochen nach Silvester, fasste ich einen Entschluss, der mir einen Moment lang

geradezu weise erschien. Ich wollte gut essen. Essen mit
Geschmack, nicht mit Geschmacksverstärkern. Ich
wollte ins »Borchardt«. Ich wollte zu Butter Lindner.
Ich wollte Bocuse und Pellaprat und Fernand Point, ich
wollte mehr Butter. Und nicht amerikanische Rezepte
von der Weight-Watchers-Zentrale, deren Sinn darin
bestand, das Beste, die Butter, wegzulassen. Ich wollte gut essen, essen mit Kalorien, mit Butter und Sah-
ne, mit Geschmack und Nachgeschmack – und nicht
diese Supermarkt-Konfektionsnahrung in grellbunter
Plastikverpackung. Und deshalb wollte ich aufhören,
meinen Körper zu bekämpfen. Ich wollte Freundschaft
schließen mit meiner Gestalt. Ich wollte nicht mehr abnehmen.

DICK UND DOOF

Wie ich erkannte, dass ich trotzdem nicht aufgeben
darf im Kampf gegen das Fettwerden und zu philosophischen Einsichten kam

Meine Tante hatte mal eine Nachbarin. Diese Nachbarin war eine Vertriebene aus dem Sudetenland oder so.
Sie war vor 20 Jahren ungefähr 80 Jahre alt und, zu
ihrem Leid, so dünn wie ein Fädchen. Diese Nachbarin sagte immerzu absurde Dinge. Ihr zweitbester Satz
hieß: »Kreislauf kriegt jeder«, womit sie, jedenfalls bei
meiner Tante, recht behielt. Aber ihr bester Satz ging
ungefähr so: »I bin so mager worn. Dabei war i fri-
her so stork! Wie a Besserne.« Das heißt auf Deutsch:
»Früher war ich so dick wie eine Angehörige der Oberschicht.« Dieser Satz einer alten Dame, die sich durch
ihre Schlankheit deklassiert fühlte, hat uns nicht nur
erheitert, sondern auch unsere Fantasie angeregt. Wer
dort, wo sie herkam, fett war, der war reich. Wer reich
und fett war, der war schön.

Nur wenigen ließ das Schicksal das Glück zuteilwerden, reich und schön zu sein. Das war im untergegan-

genen Sudetenland und in einer untergegangenen Zeit nicht anders als heute in der Gegenwart. Anders als heute war es aber dort und damals schlimm, reich zu sein und so mager auszusehen wie eine Dienstmagd. Es war ungefähr so schlimm, wie es heute ist, wenn man reich und erfolgreich ist und trotzdem fett. Anders als heute war es damals irreführend, wenn man fett war und trotzdem arm. So irreführend, wie es heute ist, wenn man fett ist, obwohl man nicht Hartz IV bekommt.

Meine Tante stellte sich damals gern vor, wie wunderbar es sein müsste, in der Welt ihrer Nachbarin zu leben. Sie schwelgte in der Vorstellung, essen zu können, was immer sie wollte. Morgens schon ein Croissant mit gesalzener Butter aus der Normandie, danach ein großes Stück Baguette, aber nicht das labberige von Kaisers, sondern das krosse, wie es jeder französische Dorfbäcker hinkriegt. Sie malte sich aus, was sie alles draufpacken würde: Käse natürlich und Schinken und Rühreier ohne Schnittlauch und Philadelphia und Nutella. Und zwar dick. Mittags ging die imaginierte Völlerei weiter mit Blutwurst, mit Sahnesoßen, mit Schweinebraten und mit Klößen. Am Nachmittag saß sie gedanklich bei Schwarzwälder Kirschtorte im Heidelberger Kaffee »Schafheutle«, und am Abend tischte sie sich eingebildete Wurstplatten auf. Sie schwelgte so sehr im Essen, wie man nur schwelgen kann, wenn man einen uralten Hunger mit sich herumschleppt.

Denn statt all der guten Dinge aß meine Tante Kartoffeln. Sie ernährte sich fast ausschließlich davon, weil sie groß war und blond, weil sie akademisch gebildet und über 40 war und weil sie einen betuchten Mann geheiratet hatte, der ihr ein Dasein in der Oberschicht garantierte, und weil alle diese Sachen zusammengenommen nur dann stimmig sind, wenn man höchstens Größe 38 trägt. Die Kartoffel war ihr privater Speiseplan jenseits der nicht ablehnbaren Abendessen und Einladungen, bei denen es ja nur selten Kartoffeln gibt.

Kartoffeln, in Wasser gekocht und mit schlichtem Salz verfeinert, machen satt, sagte sie, irgendwie satt jedenfalls. Kartoffeln sind arm an Kalorien. Das wusste meine Tante schon vor der Erfindung der Kartoffeldiät. Sie wusste noch viel mehr: »Nur nicht essen macht nicht dick.«

Sie wusste auch, wie schwer das ist. Es ist schon schwer genug, im Angesicht eines vollen Kühlschranks Kartoffeln zu essen, und noch schwerer ist es, einen vollen Kühlschrank wieder zuzumachen und nichts, gar nichts zu essen.

Denn es geht ja nicht um den Hunger, den Herta Müller in ihrem Buch »Atemschaukel« beschrieben hat. Es geht nicht um die Abwesenheit von Essbarem. Der Hunger meiner Tante, der Hunger aller meiner Freundinnen und mein eigener Hunger ist der Hunger der Freiwilligkeit. Der Hunger des Überflusses. Der Hunger der Dekadenz.

Dieser Hunger kommt vor allem am Abend, wenn das Tagwerk getan ist und alle Mahlzeiten eingenommen sind, auch wenn sie nur aus Kartoffeln bestehen.

Wenn man satt ist und unzufrieden, weil satt nicht das Gleiche ist wie pappsatt. Wenn man nach dem Abendessen das Buch greift oder die Fernbedienung und erst Ruhe hat, wenn die Chips oder die Schokolade oder die Macadamianüsse dabei sind und der Wein, mit dessen Hilfe die Pappsattmacher besser rutschen. Auch bei meiner Tante war und ist das größte Problem der Abend. Wenn sie den ganzen Tag Kartoffeln gegessen hatte, fand sie, müsste sie sich am Abend mit etwas Köstlichem belohnen. Zum Beispiel mit Pralinen, gesalzenen Erdnüssen und einem Glas Bordeaux.

Ich verstand die Probleme meiner Tante damals noch nicht, weil ich zu jung war, um von Kartoffeln dick zu werden. Aber ich ahnte es. Inzwischen bin ich im Alter meiner Tante angekommen und habe meine eigenen Erfahrungen mit dem Dünnsein und mit dem Dickwerden gemacht. Die letzte Erfahrung stammt von jenem brutalen Selbstversuch bei den Weight Watchers, der mich um das Wissen bereichert hat, dass es egal ist, ob man Nahrungsmittel mit Kilokalorien oder mit Pro-Points bewertet, dass es aber nicht egal ist, ob man sie isst oder nicht isst. Bei Weight Watchers lernte ich außerdem, dass man auch von Essen, das nicht schmeckt, zunehmen kann. Darum ließ ich es sein.

Ich war danach richtig erleichtert darüber, auch diesen Versuch der permanenten Selbstkasteiung endlich aufgeben zu können. Ich fand mich reif und weise in meinem Entschluss, meinen Körper nicht mehr zu betrachten wie ein Fleischbeschauer und ihn nicht mehr zu bekämpfen wie einen Feind. Ich stellte meine Waage wieder zurück in eine dunkle Ecke und wollte so reif bleiben wie in diesem Moment. Ohne Diät.

Aber nur etwa eine Woche lang. Dann sah ich ein, dass es auch keine Lösung sein kann, jedes Appetitchen umgehend zu befriedigen und Jahr für Jahr ein Kilo zuzunehmen, vor allem deswegen, weil ich statistisch gesehen noch fast 50 Jahre leben werde.

Ich bin zwar nicht groß und schon gar nicht blond, aber immerhin habe ich doch ein Studium abgeschlossen, ich habe einen Beruf und eine feste Anstellung. Ich lebe in Verhältnissen, die man wohl bürgerlich nennen muss. Ich habe Freunde, Kollegen und stabile soziale Kontakte. Und eine intakte Familie habe ich auch, wenn ich von der Scharte absehe, die es darstellt, geschieden zu sein. Trotzdem will ich, dass meine beiden Kinder es einmal zu etwas bringen. Und aus all diesen Gründen verbietet es sich, es ist undenkbar, unmöglich und unerträglich, dass ich in eine Zukunft zunehmender Kleidergrößen schreite.

Denn in keiner Zukunft wird es wieder denkbar sein, dass eine Frau, die fett ist, nicht am Rand der Kreise steht, in denen ich mich wohlfühle. Ich wusste in dem Moment nicht, warum, aber ich wusste sicher, dass! Dass es nämlich das Schönheitsideal der Nachbarin meiner Tante nie wieder geben wird.

Dabei ahnte ich die ganze Zeit, dass das »Warum« die eigentlich spannendere Frage ist. Zugegebenermaßen habe ich in den letzten 20 Jahren selten an die

Nachbarin meiner Tante gedacht. Noch vor Weihnachten letzten Jahres hätte ich es für unmöglich gehalten, eines Tages in meinem eigenen Haus vor meinem eigenen Spiegel zu stehen und ausgerechnet an deren Worte denken zu müssen.

In den ersten zehn Jahren der letzten 20 Jahre war ich viel zu sehr mit mir selbst beschäftigt und mit dem Mann, der später mein Mann werden sollte. Doch dann kamen die Kinder, aus meinem Mann wurde mein Exmann. Und für die ausgiebige Beschäftigung mit mir selbst und meiner Waage fehlte mir einfach die Zeit. Ich bin natürlich älter und weiser geworden und reicher an Erfahrung, was so weit ja auch in Ordnung ist. Aber nicht in Ordnung finde ich, was ich in den letzten zehn Jahren der letzten 20 Jahre außerdem geworden bin: dicker. Waren es die Kinder oder der Rosenkrieg? Oder waren es die Kinder und der Rosenkrieg? Oder waren es die vielen Weihnachts-, Geburtstags- und Osterfeste der vergangenen Jahre? Oder ist ganz einfach nur die Zeit selbst schuld daran?

Ich hatte, wie gesagt, gerade einen nicht wirklich erfolgreichen Versuch hinter mir, mein Hüftfett wieder loszuwerden. Die physischen Qualen, die mich quälten, seit ich feststellen musste, dass ich viel zu viel zugenommen hatte, und bei den Weight Watchers litt und scheiterte, waren aber nur die eine Seite. Es kam noch eine zweite Qual hinzu. Eine, ich möchte sagen: philosophische Qual.

Die philosophische Qual hat etwas mit jenem Satz

zu tun, den die Nachbarin meiner Tante vor 20 Jahren sprach und der ganz unphilosophisch gemeint war. Warum, fragte ich mich plötzlich, war es früher eigentlich schön, wenn man dick war? Die Frage ließ mich nicht los. Sie hatte sich in meinem Kopf festgesetzt und raubte mir viel Zeit.

Zeit hatte ich ja wieder genug, seit ich innerlich und äußerlich Abschied von den zeitraubenden Weight Watchers genommen hatte. Und mit der Zeit kam auch die Muße zurück. Sollte ich mich, wie meine Tante, ins Sudetenland träumen, weil meine Schwäche fürs Essen über den Hunger mich dort zu einer Belle de Jour gemacht hätte? Es musste einen anderen Ausweg geben.

Ich fand ihn zwei Wochen später, als ich seit längerer Zeit mal wieder im »Borchardt« war. Ich wartete auf mein Wiener Schnitzel, das etwas dauerte. Anstatt mich darüber zu ärgern und immerzu auf die Uhr zu sehen, sah ich mir die Leute an, die hier saßen und aßen oder wie ich darauf warteten, essen zu können. Es war die übliche Zusammensetzung: Männer im Anzug und Frauen im Anzug. Und Damen im Minirock. Niemand war hier dick.

Die Männer trugen maximal Anzuggröße 52, die Frauen nur selten mehr als Größe 38. Die Männer und Frauen in den Anzügen saßen hier, weil man hier sitzt, wenn man in Berlin Jurist ist und es geschafft hat, in einer der Anwaltskanzleien rund um den Gendarmenmarkt Jurist zu sein. Und die Damen im Minirock saßen hier, weil man hier sitzen muss, wenn man sich in

Berlin einen Anwalt angeln will, der es bis an den Gendarmenmarkt geschafft hat.

Natürlich fehlten auch die Politiker und die Schauspieler nicht. Ich sah zwei Minister, die vor allem dadurch auffielen, dass ihre Anzüge ein bisschen schäbig waren. Und die Schauspieler hatten natürlich gar keine Anzüge an, sondern Jeans, offenes Hemd und Lederjacken.

Das Lokal war nur dreiviertelvoll. Aber hier saß doch auf einem übersichtlichen Haufen ganz viel Macht, Geld und Potenz beieinander. Jeder der Gäste hatte so viel Geld, dass er in der Welt der Nachbarin meiner Tante mindestens doppelt so viel Volumen hätte verdrängen müssen, um seinem Status nach außen hin Genüge zu tun.

Von diesen Anwälten und Politikern und Schauspielern war jedoch niemand dick. Sie trugen (von den Politikern einmal abgesehen) taillierte Anzüge mit Doppelschlitz im Rückenteil und Hosen ohne Bundfalten und Gürtel. Ich fragte mich, warum es so war, dass damals wie heute gesellschaftlicher Status und Bauchumfang so klar und deutlich korrelierten. Dass ein dicker Bauch im »Borchardt« der Gegenwart so selten zu sehen war.

Dann kam mein Wiener Schnitzel. Es war so groß wie der ganze große Teller, und es glänzte golden vor Panade und Butter. Und es war so befriedigend, die Gabel durch die Teighülle zu stechen und das Geräusch zu hören, wenn das Messer ein Stück des hauchdünnen

Kalbfleischfladens abtrennt, und das Knuspern zu hören, wenn die Panade bricht, die gerade erst die heiße Butter verlassen hat. Und es schmeckte so klar und so gut, wie nur einfache Dinge schmecken können, wenn sie perfekt zubereitet sind.

Als ich den vierten Bissen davon heruntergeschluckt hatte, fiel mir die Antwort auf die Frage ein, die mich seit Wochen beschäftigte: Die Anwälte, Politiker und Schauspieler waren dünn, weil sie reich waren. Weil sie einen Platz in den dünnen Sphären der Oberschicht ergattert hatten. Weil sie über Häuser und Autos und Frauen und Kinder und Zweitwohnungen und Golfklubmitgliedschaften verfügten. Genau darum mussten sie dünn sein. Weil man verdammt stark sein muss, wenn man dünn bleiben will, obwohl es sehr viel leichter ist, dick zu werden.

Und weil dick sein heutzutage jeder kann. Weil ein voller Kühlschrank bei uns nichts ist, wofür man irgendetwas geleistet haben muss. Weil sich vollzustopfen mit fettem, kalorienreichem, schlechtem Essen in unserer Gegenwart und in unserem Teil der Welt kein Kunststück mehr ist. Weil man sogar als Hartz-IV-Empfänger über die Mittel verfügt, täglich mehrfach Aldi-Fertiggerichte in sich reinzuschaufeln. Und weil es ein Zeichen von Schwäche und von Faulheit ist, wenn man zu viel und zu minderwertig und zu oft isst und wenn man dick ist.

Weil schwach und faul und dick zu sein nur denjenigen unbekümmert lässt, der nicht zu verstehen gelernt hat, dass schlechtes Essen, genauso wie schlechte Schulnoten, das ganze Leben versaut. Weil schlechte Schulnoten, Übergewicht und sozialer Abstieg irgendwie zusammengehören. Weil es also ein Zeichen von Stärke ist, wenn man dünn ist.

So sehr viel hat sich also nicht geändert seit der Zeit, in der die Nachbarin meiner Tante gelebt hat. Immer war der Starke oben und hatte das, was alle haben wollten, was aber schwer zu haben war. Stark musste damals sein, wer eine große Scheibe von den Schmalzstullen der Welt abhaben wollte. Wer immerzu und sehr viel essen konnte, der war stark. Der hatte es geschafft.

Heute sind die Schmalzstullen so groß und so billig, dass jeder sich damit vollstopfen kann, und für die Kartoffelchips und die Schokolade als Nachtisch reicht es auch noch. Bei jedem, auch bei den Allerschwächsten. Stark muss heute sein, wer nicht andauernd davon probiert. Der Starke von heute verzichtet. Und er demonstriert diese Stärke, indem er noch im Alter von 45 taillierte Anzüge trägt und sich alles leisten kann außer einem Bierbauch.

Diese Erkenntnis traf mich so hart, dass mir sofort der Hunger verging. Ich sah das halbe Wiener Schnitzel auf meinem Teller liegen. Es kam mir plötzlich fremd und feindlich vor. Diese viele Butter! Diese dicke Panade! Kurz entschlossen legte ich mein Besteck in die »Bitte abräumen«-Position. Der Kellner wirkte überrascht und fragte mich so diskret und vornehm wie nur Kellner in guten Restaurants fragen können: »Gibt es ein Problem?« Ich erklärte ihm so höflich und beiläufig wie möglich, dass ich heute etwas spät gefrühstückt hätte, was natürlich nicht stimmte. Seine Frage nach einem Dessert beantwortete ich mit einem milden Lächeln und einem »Danke, heute nicht«, obwohl mich schon beim ersten Blick in die Karte eine Crème brulée angelächelt hatte. Doch auch der Appetit hierauf war mir aus tiefstem Herzen vergangen.

Als ich nach Hause ging, war ich mal wieder ein bisschen reifer und weiser geworden. Aber jedenfalls nicht dicker. Weil ich ja stark genug war, ein halbes Wiener Schnitzel in die Küche retournieren zu lassen, und weil ich auf die Crème brulée verzichtet hatte. Ich hatte diesem »Borchardt«-Besuch die Erkenntnis zu verdanken, warum ich nicht bedenkenlos alt und dick werden konnte. Ich wusste, dass das Dünnseinwollen genauso wie das Nichtdickwerdenwollen Teil des Kampfes ist, den alle Menschen kämpfen, die in diesem Teil der Welt etwas erreichen wollen. Dass der physische Kampf und der philosophische Kampf um die gute Figur, um die schlanke Linie, um das Traumgewicht oder wie immer man den Kampf gegen das Fettwerden auch nennen mag, zum Leben einfach dazugehört, zu einem Leben, das in meinem Fall ja noch fast 50 Jahre dauern wird.

Ich konnte also nicht einfach aufhören, mit mir und meinem Körper zu hadern, und mich gehen lassen wie eine amerikanische Unterschichtenhausfrau. Ich konnte mit den Weight Watchers aufhören, aber nicht mit dem Krieg gegen die Kilos. Genauso wenig, wie ich freiwillig das soziale Milieu verlassen werde, in dem ein guter Job und eine gute Figur einfach zusammengehören.

Ich schlug den Kragen hoch im kühlen Frühlingswind und freute mich über meine neuen Einsichten. Mal sehen, wie lange sie diesmal halten werden.

WASSER! WASSER! WASSER!

Wie ich versuchte, weniger Cola und Kaffee und mehr
Wasser zu trinken, um schön alt zu werden und immer
gesund zu bleiben – und schließlich einsah, dass mir
Wasser nicht schmeckt

Für Omi

So weit meine Erinnerungen zurückreichen, hatte ich
immer das gleiche Lieblingsgetränk: Cola. Schon als
kleines Kind mochte ich Cola. Wobei »ich mochte« eigentlich zu schwach ist. Ich liebte Cola. Bis heute. Am
liebsten mochte ich Club-Cola für 42 Pfennig die Flasche. Deutlich weniger gut schmeckte Vita-Cola, die
nur 35 Pfennig kostete. Natürlich gab es bei uns deutlich öfter Vita-Cola, was immerhin viel besser war als
gar keine Cola.

Und natürlich musste ich, solange ich klein war,
immer den Widerstand der Erwachsenen überwinden,
die sich auf den Standpunkt stellten, Cola sei ungesund.
»Du sollst Selters trinken«, sagte meine Mutter oft. »Selters« hieß bei uns jedes Mineralwasser mit Kohlensäure.

Ich mochte Selters nicht. Sobald ich dieses saure Blubberwasser nur roch, verging mir der Durst. Und was an einem so köstlichen Getränk wie Club-Cola ungesund sein sollte, verstand ich nicht.

Woher meine Leidenschaft für Cola kam, weiß ich nicht. Sosehr ich es liebte, so sehr hasste meine Mutter dieses Getränk. Sie mag einfach keine Cola. Bis heute nicht. Früher trank sie am liebsten Kaffee. Später entfaltete sie eine regelrechte Begeisterung fürs Wassertrinken. Doch dazu später.

Es gibt, genetisch betrachtet, eine Person in meiner Ahnenreihe, von der ich die Leidenschaft für Cola geerbt haben könnte: meine Großmutter. Noch als sehr alte Dame konnte sie nicht aufhören, Cola zu trinken, wenn auch in homöopathischen Mengen. Anders als ich bevorzugte sie Vita-Cola, »Fita-Cola«, wie sie sagte. Ich sehe sie noch in der Küche meines Elternhauses sitzen, schon ziemlich geschwächt vom Altsein. Natürlich glaubte auch meine Großmutter zu wissen, dass Cola ungesund ist. Deswegen trank sie Cola nur in Kleinstmengen. Und mir verbot sie, was ihr, wenn auch in kleinen Mengen, großen Genuss verschaffte. Ein Schluck genügte ihr. Ein Fingerhut, wie sie sagte. Wann immer ich in die Küche kam, in der sie auf einem Stuhl saß und an früher dachte, bat sie mich: »Hol mir doch bitte etwas Fita-Cola aus dem Kühlschrank. Aber nur einen Fingerhut voll.« Dann holte ich ihr ein Glas, und sie passte genau auf, dass ich wirklich nur einen kleinen Schluck eingoss.

Sosehr ich ihre Leidenschaft für Cola verstand, so sehr wunderte ich mich immer darüber, dass eine Frau von fast 80 Jahren ein Getränk mochte, das in meiner Vorstellung unfraglich ein Kindergetränk war. Meine Großmutter war bestimmt keine moderne Frau. Sie war keine dieser Zeitgeist-Omas, die noch mit 80 jede Mode mitmachen. Im Gegenteil: Sie hatte dezidiert etwas gegen Mode, einfach weil sie fand, dass früher alles besser war.

Meine Großmutter war so dermaßen unmodern, dass sie noch nicht einmal die Leidenschaft anderer alter Menschen teilte: fernsehen. Sie sah nie fern. Sie ging auch nie aus, sie kaufte sich nichts. Sie hatte ja alles, und wenn mal etwas kaputtging, wurde es wieder heil gemacht. Sie lebte in ihrer eigenen Welt, der gleichen Welt, in der schon ihre Eltern, Großeltern, Urgroßeltern gelebt hatten. Sie kümmerte sich, solange es ging, um ihr Haus, um ihre Hühner und Enten und verkaufte Blumen und Äpfel und Birnen aus ihrem Garten auf dem Markt von Bad Doberan. Sie flickte Hosen und stopfte Socken. Sie schmiss nichts weg, weil sie meinte, dass man alles irgendwann einmal gebrauchen können würde.

Aber die Liebe zu Vita-Cola war ihr Zugeständnis an die Gegenwart – das einzige. Mehr noch, als mich dieser moderne Zug an meiner Großmutter erstaunte, wunderte ich mich aber darüber, dass sie ihre Gier so gut im Griff hatte. Ein Fingerhut genügte ihr. Fünf- bis sechsmal am Tag. Wenn ich ihr den Fingerhut Cola gereicht hatte, versuchte ich immer, einen etwas größeren Fingerhut für mich abzuzweigen. Dann rief sie immer: »Trink das doch nicht! Das ist für Kinder sehr ungesund. Wenn du Durst hast, dann trink Selters.«

Als ich dann endlich erwachsen war, brachen colatechnisch herrliche Zeiten an. Sobald ich meinen eigenen Kühlschrank füllen durfte, hörten die Zwänge auf. In meinem Kühlschrank gab es immer einen größeren Colavorrat. Ich kaufte nur Club-Cola.

Wer Cola liebt, muss standhaft sein. Denn immer kursierten üble Gerüchte über mein Lieblingsgetränk. Die Sache mit dem Zahn zum Beispiel, von der mir meine Freundin Uta erzählte, die nie Cola trank und zu Hause nie Cola bekommen hatte und darum gar nicht wissen konnte, was für ein Genuss ihr entging. »Wenn man einen Zahn über Nacht in Cola legt, ist er am nächsten Morgen verschwunden«, behauptete sie. Aufgelöst in den heimlichen Säuren. Sie war eine von denen, die sprudelndes Selterswasser tranken und fanden, dass dies die einzig legitime Art war, seinen Durst zu löschen. Ein Anblick, der mich geradezu ekelte.

»Ich lege meine Zähne nicht die ganze Nacht über in Cola«, sagte ich trotzig, bemerkte aber, dass ich meine tägliche Ration, also mindestens einen Liter, noch etwas schneller trank, damit der Kontakt mit den Zähnen minimiert werde. »Die zersetzende Wirkung der Colasäuren zielt nicht nur auf die Zähne, sondern vor allem auf die Knochen«, behauptete sie dann. Da hörte ich dann einfach weg.

50

Später hatte ich dann einen Freund, der Ralph (mit ph) hieß. Ralph studierte Medizin und war immerzu auf der Suche nach Lehrbeispielen für angewandte Physiologie. Auch er trank Wasser. Nur Wasser. Ralph war der erste Mensch, den ich kannte, der Wassertrinken nicht als Durstlöschung empfand, sondern als Dienst am eigenen Körper. Er hatte im zweiten Semester gerade gelernt, dass der Mensch zu einem irrwitzigen Prozentsatz aus Wasser besteht, und rechnete mir vor, wie viel Wasser jeder Mensch täglich braucht, um seine private Wasserbilanz auszugleichen. Er füllte seinen Körper unermüdlich mit Wasser ab – wie ein Kamel.

Außerdem stellte Ralph die unhaltbare Behauptung auf, dass man täglich anderthalb Liter Wasser saufen muss, um nicht zu vertrocknen. Ich glaubte ihm kein Wort und wunderte mich sehr darüber, dass er nicht einsah, wie dumm das war, was er sagte, sah er doch in mir den lebenden Gegenbeweis vor sich.

Aber eine Sache, die er mir erzählte, beeindruckte mich nachhaltig. Sie beeindruckte mich jedenfalls stärker als die Sache mit den zerfallenden Knochen. Ralph sagte mir nämlich, dass ein Glas Cola ungefähr zur Hälfte aus Zucker bestand. Zucker! Also Kalorien! Diese Worte meines Medizinerfreundes bescherten mir einen ernsten Konflikt. Eine Weile versuchte ich, mir einzureden, dass ich von der süßen Cola ja auch satt werden würde. Je mehr süße Cola ich also trank, desto weniger würde ich essen. Ich stellte aber bald mittels Eigenbeobachtung fest, dass das nicht stimmte. Ich war in einem echten Dilemma. Wahrscheinlich hätte ich schon damals einen Entzug begonnen. Aber das war dann doch nicht nötig, weil mein Ausreiseantrag in den Westen genehmigt wurde.

Dort hatte die Lebensmittelindustrie längst das ernst zu nehmende Problem der Zuckermengen in der Cola gelöst und schon 1983 die Diätcola erfunden. Die Coca-Cola-Company hatte die Nase vorn. Ich war 23 Jahre alt, als ich das erste Mal zuckerfreie Coca-Cola probierte. Es war Liebe auf den ersten Schluck.

Coca-Cola light war eine wunderbare Entdeckung. Die Aspartam-Variante schmeckte mir auf Anhieb genauso gut wie Club-Cola mit Zucker. Besser sogar. Und je öfter ich davon trank, umso herrlicher erschien mir der Geschmack. Nach einer Woche war ich schon so sehr auf den Süßstoff konditioniert, dass ich gezuckerte Cola selbst dann nicht mehr getrunken hätte, wenn sie keine Kalorienbombe gewesen wäre. Sie schmeckte mir nicht mehr. Fortan trank ich mehr denn je und leidenschaftlicher denn je und außerdem ohne die letzte Spur von schlechtem Gewissen: Coca-Cola light.

Es gab wunderbare Erlebnisse von Durstlöschung. Coca-Cola light hatte eine magische Anziehungskraft auf mich. Ich habe nie zu den Menschen gehört, die nachts an den Kühlschrank schleichen und fette Sachen in sich reinstopfen. Ich habe nachts weder Hunger noch Durst. Aber manchmal zog mich doch diese gewisse Gier an den Kühlschrank, weil im dunklen Kühlschrank eine halb volle Flasche Cola light wartete.

Ich nahm mir dann kein Glas, sondern trank direkt aus der Flasche. Drei, vier, fünf Schlucke. Die Kohlensäure bitzelte und brannte im Hals. Die Kühlschrank-Cola war genau richtig kalt und unnachahmbar frisch und gerade richtig gesüßt. Nachts vor dem Schlafen noch einen Schluck aus der Flasche zu nehmen erschien mir so notwendig und so angenehm, wie es ist, einen frischen Mückenstich zu kratzen. Wenn ich den Kühlschrank schloss, fühlte ich Entspannung, Befriedigung und Bettschwere.

Später hörte ich dann eine weitere üble Nachrede, etwas von einem süchtig machenden geheimen Zusatzstoff, den die Coca-Cola-Company ihrem Nummer-eins-Erfrischungsgetränk beimischte, um die Marktführerschaft nicht zu verlieren. Ich hielt das spontan für Antikapitalismuspropaganda und hörte nicht darauf. Denn selbst wenn es stimmte, konnte es denn schlimm sein, nach so etwas Köstlichem wie Coca-Cola light süchtig zu sein? Ich fand meine Sucht köstlich und genoss sie täglich.

Obwohl ich finde, dass es kein schöneres Bild für den real existierenden Kapitalismus gibt als eine gläserne Coca-Cola-Flasche, wurde ich Coke nach ein paar Jahren untreu. Der Discounter, bei dem ich alles einkaufte, was ich nicht zum Kochen brauchte, hatte sie einfach nicht im Sortiment. In meiner Not probierte ich Pepsi light, die es dort im Sechsergebinde gab. Was dann passierte, finde ich noch heute irgendwie unschön: Ich verliebte mich in Pepsi – mehr, als ich mich 1989 in

Coke verliebt hatte. Da war so ein Mü eines säuerlichen Untergeschmacks, der es mir angetan hatte. Ich blieb bei Pepsi, obwohl mir weder die Form der Flasche noch das Image noch die Werbung gefielen. Bis heute trinke ich, mit wonnevoll geschlossenen Augen und schlechtem Gewissen: Pepsi light.

Als die Mauer schon eine Weile gefallen war, lernte ich einen neuen Cola-Hasser kennen. Er erzählte mir schlimme Dinge, schlimmer als die Sache mit dem Zahn, dem Zucker und dem Suchtstoff. Perfide Dinge. Er behauptete, dass Süßstoff fett mache. Dass Cola mit Süßstoff stärker und nachhaltiger fett mache als Cola mit Zucker. Obwohl er kein Mediziner, sondern Jurist war, hatte er physiologische Beweise. Die hatten etwas mit Blutzucker und Insulin und mit Biochemie zu tun. Ich wollte es nicht glauben. »Null Kilokalorien« stand auf dem Etikett jeder Pepsi und jeder Coke light. Wollte er etwa behaupten, dass die Coca-Cola-Company oder die PepsiCo Milliarden Konsumenten belüge?

Er lächelte schlau und zeigte mir eine Studie, in der stand, dass Süßstoff in der Schweinemast eingesetzt werde – wegen besagter hochkomplexer Blutzucker-Insulin-Zusammenhänge. Schweine-Probanden, die mit normalem Schweinefutter gemästet wurden, setzten nicht annähernd so viel fett an wie Schweine-Probanden, denen man Süßstoff ins Futter gemischt hatte. Der Süßstoff machte ihnen einen Riesenappetit, und sie fraßen danach zügellos. Das saß.

Obwohl wir sehr unterschiedliche Auffassungen von

Genuss hatten und obwohl wir zumindest in der Cola-Frage nicht zusammenpassten, heirateten wir. Jahrelang teilten wir das Bett und den Tisch. Und das, was auf den Tisch kommt. Auf dem Tisch hatten seiner Meinung nach weder Tiefkühlpizza noch Linsen aus der Dose noch Gouda im Kilopack etwas zu suchen, also die Lebensmittel, mit denen ich die Männer vor ihm glücklich machen konnte. In unserer ersten gemeinsamen Küche übernahm er sofort die Regie, während ich mich aufs Aufräumen derselben spezialisierte. Manchmal durfte ich auch beim Kochen helfen. Zwiebeln, pardon: Schalotten, in formschöne Miniwürfel schneiden, Orangen oder Tomaten häuten und die blubbernden (und stinkenden) Fonds aus den Knochen diverser toter Tiere abschäumen, in Eiswürfelbeutel füllen und einfrieren konnte ich bald besser als er. Auch Essengehen änderte sich mit ihm, denn nicht mal in der hormongefluteten Beziehungsanbahnungsphase konnte er etwas mit meiner Vorliebe für den Italiener um die Ecke anfangen. Nur der Vollständigkeit halber erwähne ich, dass auch meine Cola-Sucht nicht in sein Genussschema passte.

Pepsi-Cola light und gehobene Esskultur passten seiner Meinung nach einfach nicht zusammen. Also verkniff ich es mir, seine selbst gekochten Kostbarkeiten mit ihren unaussprechlichen Namen mit einem Glas eiskalter Cola herunterzuspülen. Denn: Hatte er nicht irgendwie recht? Zum kultivierten Essen trank ich ihm zuliebe nun also Wasser. Obwohl es mir nicht schmeckte. Es schmeckte mir auch nicht, wenn es aus den entlegensten, den saubersten und elitärsten Gebieten der Welt herangekarrt wurde.

Dennoch hatte mein physiologisch argumentierender damaliger Gatte mit seiner Schweinestudie den Stachel des Zweifels in meine colasüchtige Seele injiziert, stärker als alle anderen Cola-Miesmacher. Ich versuchte, von Cola wegzukommen. War es denn nicht wirklich ein infantiles Getränk? Wasser ging zwar noch immer nicht. Aber Kaffee.

Ich trank jetzt immer weniger Cola. Wenn ich Cola trank, dann nur noch »ganz bewusst«, um mich zu belohnen. Dafür brachte ich es am Tag locker auf zehn Tassen Kaffee. Natürlich setzten sofort wieder die Mahnungen ein. Kaffee würde den Magen übersäuern, den Appetit anregen, die Libido unterdrücken, den Blutdruck steigern, die Konzentrationsfähigkeit senken und Mundgeruch verursachen. Vor allem aber würde Kaffee gar nicht den Durst löschen, sondern real entwässern. Dazu gab es auch, ganz plötzlich, jede Menge Studien aus Amerika. All diese Belehrungen endeten dann mit der gleichen Aufforderung: Trink Wasser!

Eines Tages lief meine Mutter zu den Wasserfanatikern über. Von da an konnten wir mehrere Jahre lang kein Gespräch mehr führen, ohne dass sie mir von den mannigfachen Segnungen des Wassergenusses erzählte. Der Kreislauf, die Verdauung, die Haut, die Sehkraft, der Blutdruck und überhaupt alles – alles klappt und funktioniert besser, wenn man täglich recht viel Wasser trinkt.

Ich fragte meine Mutter vorsichtig, wie viel Wasser sie denn für angemessen halte. »Zwei Liter. Mindestens!«, sagte sie und berichtete stolz, dass sie mühelos das Doppelte verdrücken könne. Mir wurde schon beim Zuhören schlecht. Aber ich sah ein, dass sie recht hatte, und nahm mir vor, es künftig ernsthaft mit Wasser zu versuchen.

Ich kaufte mir eine ganze Kiste Gerolsteiner Sprudel und stellte sie im Büro neben meinen Schreibtisch. Da stand sie dann ungefähr ein Vierteljahr und glotzte mich aus zwölf hellblauen Flaschendeckeln an. Die Kiste Gerolsteiner wurde mein Wasser gewordenes schlechtes Gewissen.

In der Kantine, wo weder mein Mann noch meine Mutter mich sahen, genehmigte ich mir täglich ein 0,2-Liter-Glas Cola light, achtete aber streng darauf, danach keinen Nachschlag zu holen, auch und gerade wenn ich Appetit darauf verspürte. Ich wusste ja aus einschlägigen Schweinestudien, dass ich diesem Appetit misstrauen musste. Ich war ja nicht so dumm wie ein Schwein. Ich musste nicht jeder Insulin-Anflutung sofort nachgeben und einfach drauflosfressen. Ich nahm deswegen auch extra kein Dessert, obwohl der Appetit eindeutig da war. Ich achtete in der Kantine außerdem darauf, immer nur das kleine Glas zu befüllen, nicht das viel verlockendere 0,3-Liter-Glas. Ich verließ die Kantine jeden Tag durstig. Aber kaum war ich zurück an meinem Arbeitsplatz und bei meiner Kiste Gerolsteiner, verließ mich spontan der Durst.

Ich rief meine Mutter an und erzählte ihr mein Problem. Sie hatte eine Lösung. »Stell dir immer gleich morgens ein volles Glas Wasser auf den Schreibtisch, genau neben den Bildschirm. Und wenn es leer ist, füll es sofort nach«, sagte sie. Ich tat es. Doch zum Nachfüllen kam ich nicht, denn das erste Glas wurde einfach nicht leer. Dafür dopte ich mich mit einer Tasse Kaffee nach der anderen.

Doch dann kam das Erfolgserlebnis. Vor ungefähr zehn Jahren hatte ich das erste rundum erfreuliche Erlebnis mit Trinkwasser. Wir waren auf einer Wandertour in den bayerischen Alpen, mit Fernglas für die Vogelbeobachtungen, mit Fotoapparaten für die Belegfotos, mit »Guide Michelin« für das Sternerestaurant, das am Zielort wartete. Es war wahnsinnig heiß, und es ging andauernd bergauf. Mein damaliger Ehe- und heutiger Exmann hatte eine Flasche Sprudelwasser dabei, die er aber schnell weggetrunken hatte. Dann kamen wir an einem Bergbach vorbei. Er füllte seine Flasche damit nach. Irgendwann war, wegen der Hitze und der Anstrengung, auch mein Durst übermenschlich geworden.

Ich griff zu seinem Bergbach-Wasservorrat – und es war köstlich. Diese klare und nüchterne Flüssigkeit rann wie von allein durch meine Kehle. Ich hatte das Gefühl, gar nicht schlucken zu müssen. Ich trank in winzigen Zügen und wunderte mich, noch während ich trank, dass eine Wasserhasserin wie ich höchsten Genuss aus diesem wonnigen Nichts zog. Da wurde mir dann klar, dass dies die wahre und echte Art ist, wie ein Säugetier seinen Durst löschen sollte. Ich glaubte die Lösung meines Wasserproblems gefunden zu haben. Bergwasser. Ohne Kohlensäure.

Kurz darauf wurde ich schwanger.

Was man als Schwangere so alles nicht tut und nicht isst, würde vermutlich mehr füllen als dieses kleine Trostbuch. Kein Alkohol, keine Zigaretten, kein Rohmilchkäse, kein Kaffee, kein Tee, keine Medikamente. Dagegen ist der Verzicht auf Pepsi-Cola light eigentlich gar nicht so schlimm.

Ich verzichtete. Und es fiel mir noch nicht einmal schwer. Der Verzicht auf jeden vorher selbstverständlichen und nicht selten in jahrelanger Arbeit antrainierten Genuss ist ja bekanntlich die Wiege des Erfolgs der Kinder ehrgeiziger Eltern. Keine Schwangere in meinem Bekanntenkreis wollte ihr ungeborenes Kind dem Risiko aussetzen, das es bedeutet, wenn man nicht auf alles verzichtet. Wenn das Kind dann da ist, muss weiter verzichtet werden, um die Wissenschaft des Stillens richtig, ganz richtig zu erlernen. Die Verzichtsliste der stillenden Mutter ist sogar noch länger als die Verzichtsliste der werdenden Mutter. Kein Brokkoli, kein Kohl, keine Bohnen, keine Erbsen, keine Eier. Kein Obst, keine Süßigkeiten, keine Leber. Gar nichts. Wer die Wissenschaft des Stillens ernst nimmt, der stillt ein Jahr lang. Mindestens.

Das Ganze wiederholte sich bald für meine zweite Tochter. Nach mehr als drei Jahren Entzug war ich clean. Ich hatte mich ernährungstechnisch auf das Niveau meiner Kinder heruntergeschraubt, aß Nudeln und trank Apfelschorle. Ich dachte nicht einmal mehr daran, dass im Kühlschrank die Cola light fehlte.

Doch jede Schwangerschaft und jede Stillzeit endet einmal. Und die Lust auf Blumenkohl kommt ebenso sicher zurück wie der Appetit auf Rohmilchkäse. Und bei mir dauerte es ungefähr eine Woche, bis ich wieder Lust auf eine schöne, eiskalte Pepsi light bekam.

Selbst Mutter, befand ich mich plötzlich im Konflikt vieler Mütter. Dem Konflikt, dass ich gern etwas wollte, das meine Kinder natürlich nicht dürfen. Eine Weile umschiffte ich diesen Konflikt, indem ich einfach selbst weiter und weiter auf mein Lieblingsgetränk verzichtete.

Im Büro hatte sich während meiner Schwanger- und Mutterschaftsabwesenheit eine Wassertrinkerfront herausgebildet. Meine Kollegen geben ein- bis zweimal pro Monat eine Sammelbestellung bei einem Wassergroßhändler auf. Das Wasser wird dann kistenweise gebracht, und jeder hat dabei das Recht auf seinen eigenen Geschmack. Wir kriegen Wasser aus Frankreich und aus Deutschland oder aus Italien oder aus Südafrika, mit viel Kohlensäure, mit wenig Kohlensäure oder ganz ohne Kohlensäure. Ich versuchte, der neuen Allianz von Wassertrinkern beizutreten. Ich trank gegen jede ökologische Vernunft stilles Bergwasser, mit Lkws herangefahren aus dem fernen französischen Zentralmassiv. Dass es nicht so gut schmeckte wie das Wasser des bayerischen Alpenbachs, versteht sich von selbst. Es ist für Büromenschen eben nicht leicht, sich im Alltag halb verdurstend zu wandern, nur damit reines Wasser schmecken kann. Ich machte freudlos weiter.

Bis ich eines Tages in die Schusslinie einer Werbekampagne der PepsiCo, Inc. geriet. Ohne vorher nachgedacht zu haben, was ich tat, erwarb ich im Supermarkt ein Sechsergebinde Pepsi light – und zwar zum Sonderpreis. Sechs Anderthalbliterflaschen. Wahrscheinlich haben meine Kinder dann an der Art, wie ich beim Trinken aus der großen Flasche die Augen verdrehte, erkannt, dass sich in dieser Flasche etwas besonders Köstliches befinden musste. Ich gab nichts ab, sondern erklärte in altbewährter Erziehungsmanier: »Ihr dürft das nicht trinken. Das ist ungesund. Wenn ihr Durst habt, trinkt Wasser.«

Meine Kinder sind aber von unlogischen Argumenten nicht zu beeindrucken. Was ihrer Mutter so köstlich schmeckte, dass sie die Augen verdrehte, was sie immer und immer wieder an den Kühlschrank zog und zum Trinken direkt aus der Flasche animierte, das konnte für sie nicht »ungesund« sein.

Eines Tages erwischte ich die beiden. Als ich in die Küche kam, waren sie gerade damit beschäftigt, sich ein Glas Cola einzufüllen. Die Pepsi-Flasche war so schwer, dass sie beide sie zusammen heben und gießen mussten. Ich wusste, wie es ihnen ging. Ich wusste plötzlich auch, dass ich ihnen nicht die gleiche colafeindliche Kindheit bieten sollte, wie ich sie hinter mir hatte. Ich fand wirklich, dass sie nach so viel Anstrengung und Mühe mit der Riesenflasche nun auch mit einem kleinen Schluck belohnt werden sollten.

Seither sind meine Töchter ebenso scharf auf Cola, wie ich es schon als Kind war und wahrscheinlich immer sein werde. Und immer wenn ich mir ein Glas eingieße, bekommen sie etwas ab. Wenn auch nur einen Fingerhut voll.

WAS QUALMT DENN DA?

Wie ich mit dem Rauchen anfing und wieder aufhörte und wieder anfing und wieder aufhörte und wieder anfing und schließlich beschloss, wieder aufzuhören

Für Manni

Es gibt Dinge, die lassen sich nur schwer erklären, oder um den fast vergessenen und etwas schlichten Sozialdemokraten Björn Engholm zu zitieren: Manche Dinge lassen sich nur »irrational erklären«.

Mein Verhältnis zur Zigarette ist so ein Ding, das sich nur irrational erklären lässt. Ich finde Zigarettenrauch abstoßend. Rauchen riecht und schmeckt ekelhaft. Es ist teuer und ungesund. Es stiehlt Zeit und Kraft. Es macht den Körper schlapp und die Haut schlaff. Es macht Krebs und Pickel und Mundgeruch und magenkrank.

Und es ist asozial.

Jede einzelne dieser vielen Evidenzen müsste bei einem rationalen Menschen, wie ich es bin, ausreichen, um gegen die Verlockungen immun zu sein, die von einer

Zigarette ausgehen. Fakt ist aber, dass selbst die Summe all dieser Evidenzen nicht ausreicht, um mich gegen die Verlockung einer heimlichen Zigarette zu wappnen.

Es wäre unrecht, an dieser Stelle über die Vorteile hinwegzugehen, die das Rauchen einer Zigarette mit sich bringt. Gerechtigkeitshalber sollen sie ebenso kompakt zusammengefasst werden wie die Nachteile: Zigaretten entspannen die Nerven. Zigaretten runden die Mahlzeiten ab. Zigaretten sorgen für ein Päuschen zwischendurch. Zigaretten sorgen für frische Luft. Das tun sie tatsächlich, nicht nur wenn man wie ich in einem internationalen Medienkonzern tätig ist, in dem das Rauchen nur auf den Balkonen erlaubt ist.

Hier draußen zu stehen und sich einer Zigarettenpause hinzugeben versorgt die Arbeitnehmer dieses internationalen Medienkonzerns nicht nur mit beliebig vielen Zwischendurchpausen, Nervenentspannung und Nikotin, sondern tatsächlich mit mehr frischer Luft, als es die Klimaanlage dieses Medienkonzerns je schaffen würde.

Und seit der Einführung des Rauchverbots in Gaststätten ist das Gefühl, sich beim Rauchen mit frischer Luft zu versorgen, in den Erfahrungsschatz aller deutschen Raucher eingegangen. Wie segensreich der gesetzgeberische Akt, Restaurants zigarettenfrei zu halten, gerade für die Raucher war, wird sicher bald durch amerikanische Wissenschaftler herausgefunden werden. Bevor sie es herausgefunden haben werden, habe ich es aber schon gewusst: Raucher schnappen beim Rauchen vor der Restauranttür deutlich mehr frische Luft, als sie beim Rauchen schlechte Luft einatmen. Insofern leben sie gesünder als die Nichtraucher, die den ganzen Abend im Restaurant herumsitzen und verbrauchte Luft miteinander austauschen.

Das Beste am Zigarettenrauchen aber ist: Zigaretten stiften Beziehungen.

Und so kommt es, dass ich Rauchen sozial und asozial zugleich finde.

Als ich mit 16 Jahren das erste Mal richtig verliebt war, erlebte ich zum allerersten Mal die spannende Mischung aus sozial und asozial. Und gleich besonders radikal. Ich verliebte mich in einen gleichaltrigen Jungen, dessen Herkunft man heute als »sozial schwach« oder »bildungsfern« beschreiben würde, worauf auch schon sein Spitzname (und an mehr erinnere ich mich nicht) Hinweis gibt. Er wurde »Manni« genannt.

Manni war der anerkannteste Junge des Dorfes vor den Toren von Rostock, in dessen neu gebaute Eigenheimsiedlung wir fatalerweise umgezogen waren, kurz nachdem ich auf die Erweiterte Oberschule, das Gymnasium des Ostens, gekommen war. Die Tatsache, dass Manni so anerkannt war, hatte ganz andere Ursachen als die Anerkennung, nach der die Jungen in meiner Klasse strebten. Sie hatte nichts mit gutem Aussehen, schönen Klamotten oder besonderer Intelligenz zu tun.

Manni hatte, soweit ich es beurteilen konnte, nichts davon. Dafür machte er Sprüche, die ihn zu etwas wie dem lässigsten Totalverweigerer erhoben: Ein Deutscher hat in Russisch eine Vier! Oder: Das bisschen, was wir essen, können wir auch trinken! Sprüche dieser Art, dazu schulterlange, wenn auch ungewaschene Haare und die Neigung, die Schule nur gelegentlich zu besuchen, machten Manni zur Nummer eins bei der Dorfjugend und verfehlten auch bei mir ihre Wirkung nicht.

Die Tatsache, dass ich eine Oberschule besuchte, machte mich in diesem Dorf von Anfang an zur Außenseiterin. Keiner aus der Clique von Manni hätte je mit mir gesprochen, obwohl wir jeden Morgen den gleichen Schulbus nahmen, denn in dem Dorf gab es zwar ein Kombinat mit Kantine, einen Konsum, eine Poststelle und eine stets gut besuchte Kneipe für die Werktätigen des Kombinats, aber eine Schule gab es nicht.

Natürlich hatte ich im Alter von 16 noch keinen Sensus für die Erhabenheit der Einsamkeit entwickelt. Im Gegenteil: Ich litt unter der Einsamkeit. Und der Drang nach sozialer Verbrüderung mit der Dorfjugend ließ mich jeden Tag aufs Neue hoffen, dass ich hier Beachtung finden würde und dass sie eines Tages über die Tatsache hinwegsehen würden, dass ich so etwas Sonderbares wie das Abitur machen wollte.

Jedes Wochenende traf sich die Dorfjugend in einem halb verfallenen Häuschen, das sie »Klub« nannten. Eines Samstags traute ich mich auch dorthin. Und weil ich nicht wusste, was ich machen sollte, kaufte ich ein Bier und danach noch eins. Mein überraschender Alkoholkonsum imponierte den Jungs, und einer sprach mich an. Es war Manni. Manni fragte nicht etwa, wie ich heiße oder wie es mir gehe. Er fragte, ob ich eine Zigarette haben wolle. Ich war sehr glücklich über diese plötzliche Aufmerksamkeit und hätte schon aus Höflichkeit sein Angebot niemals abgelehnt. Ich griff die Zigarette aus seiner Hand und nahm sie dankbar und aufgeregt an – fast wie einen Verlobungsring.

Die Tatsache, dass ich nicht wusste, wie man raucht, stimmte Manni milde. Er ließ sich zu einem pädagogischen Exkurs herab und gab sich richtig große Mühe, mir zu erklären, wie man das macht: richtig rauchen.

Dass meine Mutter mir verboten hatte zu rauchen, war mir in diesem Moment mehr als egal. Es stimmte mich geradezu euphorisch, dass ich ihr Verbot an der Seite von Manni übertreten konnte. Als ich dann den ersten Hustenanfall erlitt, lachte der ganze Klub. Ich lachte auch. Denn ich war glücklich darüber, dass ein bisschen Gift, ein wenig Schmerz und nur etwas Überwindung mich plötzlich in diese herrliche Lage gebracht hatten: Manni sprach mit mir, und die Dorfjugend lachte über mich. Obwohl ich auf die Oberschule ging.

Und dies war noch nicht der Höhepunkt der Zuwendungen dieses Abends, an dem es nicht bei zwei Bier und bei einer Zigarette blieb. Als ich bereits Schwierigkeiten hatte, mich auf meinen eigenen Beinen zu halten, da wurde ich von Manni geküsst. In einer Ecke des schwach beleuchteten Klubs. Auf den Mund! Und mit Zunge!

Dass Manni nach Zigarette geschmeckt haben muss, fiel mir nicht auf, weil ich ja selbst nach Zigarette schmeckte. Seine irgendwie asoziale Aura war mir egal, vielleicht weil er sich vor dem Klubbesuch die Haare gewaschen hatte. Von da an war ich verliebt in ihn.

An diesem Zustand änderte sich auch nichts, als er am Montag im Schulbus wieder mit ungewaschenen Haaren erschien und durch mich hindurchschaute, als wäre ich Zigarettenrauch.

Dieses schöne, wenn auch kurze Bindungserlebnis verdankte ich der Zigarette. Es blieb nicht das letzte. Das eigentliche Problem begann aber danach. Obwohl ich nie wieder Gelegenheit hatte, mit Manni zu rauchen, rauchte ich weiter. Ohne ihn. Das war bei der nur einen Abend während Beziehung zu Manni so und auch bei allen Beziehungen, die danach kamen.

Plötzlich waren wir also Raucher. Wir, das waren meine Freundin Uta und ich. Unsere Verwandlung zu Rauchern passierte ziemlich gleichzeitig, denn auch Uta kam eines Tages in die Verlegenheit, mithilfe einer Zigarette den Kontakt zu einem Jungen zu suchen, obwohl Uta nicht in ein Vandalendorf vor den Toren der Stadt gezogen war. Als wir dann den jungfräulichen Nichtraucherstatus verloren hatten, wurde es kompliziert, weil wir nun zwar rauchen konnten, aber nicht rauchen durften. Nirgendwo.

Also rauchten wir auf dem Schulklo, in fremden Hausfluren, hinter den dichten Büschen der Rostocker Wallanlagen. Wir waren sehr kreativ, wenn wir Lust hatten, das Rauchverbot der Erwachsenen zu brechen.

Für Jugendliche ist es nicht leicht, zu rauchen, wenn die Mutter es kategorisch verbietet. Und ist eine Mutter erst mal misstrauisch geworden, dann wird sie Nikotin auch in kleinsten Dosen wittern. Und meine Mutter war nach jenem Abend im Dorfklub, von dem ich nach allen Giften stinkend zurückkam, misstrauisch geworden.

Meine Mutter hat eine feine Nase, denn sie hat nie geraucht. Es nützt gar nichts, nach dem Rauchen oder vor dem Nachhausekommen die Hände zu waschen, die Zähne zu putzen oder zum Kaugummi zu greifen. Allein die Tatsache, dass ich kauend nach Hause kam, löste bei meiner misstrauischen Mutter einen neuen Misstrauensschub aus. Denn sie raucht nicht nur nicht, sie kaut nicht nur nie Kaugummi, sie konnte es nicht nur nicht leiden, wenn ihre Kinder rauchten. Sie fand es zu alledem unerträglich, ihre Tochter Kaugummi kauend zu sehen. Wenn ich dann auch noch Kaugummi kaute, weil ich eine Zigarettenfahne verstecken wollte, riss ihr schnell mal die Geduld.

Natürlich rauchten wir trotzdem.

Als unsere Eltern sich klargemacht hatten, wie es um uns stand, wurde es schwierig. Immer wenn ich nach Hause kam, begann meine Mutter, an mir herumzuschnüffeln. Wenn sie Witterung aufgenommen hatte, begann die peinliche Befragung und, noch schlimmer, der Vortrag. Meine Mutter machte mir ausführlich klar, was ich sowieso wusste, dass Rauchen ekelhaft, ungesund und asozial ist.

Schlimmerweise endete jeder dieser Vorträge mit der Einforderung eines Versprechens: Also versprach ich meiner Mutter, dass ich nie wieder rauchen würde.

Das kurze Vergnügen der Heimlichkeit wurde einem so gründlich vergällt. Um meiner Mutter nicht allzu viele Anlässe zu weiteren Vorträgen zu liefern, ließ ich das Rauchen dann meistens sein.

Bis zum nächsten Jungen. Dann kam ich regelmäßig in die Bredouille, weil an dieser Stelle das Versprechen, das ich meiner Mutter gegeben hatte, mit meinem persönlichen Interesse am männlichen Geschlecht kollidierte.

Ich weiß beim besten Willen nicht mehr, wie vielen Jungen zuliebe ich immer und immer wieder »Ja« sagte, wenn mir eine Zigarette angeboten wurde. Der Ablauf war aber immer derselbe: Man stand miteinander irgendwo herum und schwieg vor sich hin. Niemals hätte ich einen fremden Jungen einfach so angesprochen und ihm grundlos peinliche Fragen gestellt. Eher hätte sich die Erde aufgetan, als dass ich ohne jeden Anlass ein Gespräch über dies oder das begonnen hätte.

Ich wäre lieber als Eremit gestorben, als einem Jungen, an dem ich interessiert war, das Gefühl zu geben, dass ich an ihm interessiert war. Es gab nur einen Weg, sich an jemanden ranzumachen, ohne dass man dastand wie jemand, der sich an jemanden ranmacht: die Zigarette. Rund um die Zigarette war jede grund- und anlasslose Kommunikationsanbahnung in Ordnung. Bot man sie an, war man großzügig (erlaubt), aber nicht aufdringlich (verboten). Fragte man danach, war man süchtig (erlaubt), aber nicht übergriffig (verboten).

Auch Varianten waren möglich, so etwa die Bitte

um oder das Anbieten von Feuer und die Frage nach oder die Beantwortung der Frage nach einem Aschenbecher. Und war eine solche Frage erst einmal gestellt, waren weitere Fragen nicht mehr peinlich, sondern möglich und erlaubt. Und es konnte sich ohne Sorge um Gesichtsverlust ein Gespräch über dies oder das entspinnen. Sogar Interesse an der Person durfte nun, zum Beispiel mit der Frage nach dem Namen, gezeigt werden – aber erst nach einer gemeinsamen Zigarette.

Dieser Weg war Nichtrauchern versperrt. Sie mussten rumstehen und schweigen. Oder – aufdringlich und übergriffig – nach anderen Dingen fragen als nach einer Zigarette, zum Beispiel nach dem Namen. Nichtraucher hatten es also wirklich schwerer, jedenfalls bei der Beziehungsanbahnung. Nur die Beziehungen zu ihren Müttern dürften für Nichtraucher unkomplizierter gewesen sein.

Ich hingegen nahm als Raucherin sogar die fortgesetzte Missbilligung meiner Mutter in Kauf. Selbst als ich in einem Alter angekommen war, in dem wir beide das Gefühl hatten, dass es Dinge gibt, die ich ohne ihre Erlaubnis tun darf, konnte sie nicht aufhören, fort und fort zu missbilligen, wenn sie mich mal wieder in einer Raucherperiode antraf.

Als ich den Osten verließ, wurde es für meine Mutter viel schwerer, mich beim Rauchen zu erwischen. Leider wurde es nicht unmöglich. Bei so manchem Telefonat, das ich vom Balkon meines internationalen Medienkonzerns aus mit ihr (und mit einer Zigarette) führte, überführte sie mich, wenn ich in einer Gesprächspause allzu tief einatmete.

»Rauchst du etwa?«, fragte sie dann. Und wenn ich die Frage bejahte, nahm ich ihre Missbilligung zur Kenntnis und bekam noch einen Vortrag als Zugabe. Immerhin, an mir herumschnüffeln konnte sie nach meinem Deutschlandwechsel nicht mehr.

Übrigens merkte ich sehr schnell nach dem Überqueren der deutsch-deutschen Grenze, dass die deutsche Jugend auch schon vor dem Mauerfall einig war, jedenfalls in der Frage, wie eine lupenreine Anmache funktioniert. Das Einzige, was sich unterschied, waren die Zigarettenmarken. Im Prinzip aber war es egal, ob man zum Zweck der Beziehungsanbahnung nach einer Club oder einer Marlboro fragte. Die Schachteln und ihr Inhalt sahen gleich und doch anders aus: viele weiße Röllchen mit hellbraunem Schaft, verpackt in Silberpapier. Zerdrückt und angeschrumpelt und ein bisschen wie Secondhandware die einen, gebügelt, poliert und für den gewinnmaximierenden Verkauf herausgeputzt die anderen.

Auch der Geruch, der einer frisch geöffneten Schachtel entströmte, war anders – und doch ähnlich. Die Ostzigaretten rochen nach dem, was sie waren. Nach Tabak und Papier und ein bisschen nach Erde. Die Westzigaretten umhüllten den gleichen Grundgeruch mit einer Parfümnote. Diese Parfümnote fand ich himmlisch, solange ich im Osten lebte und nur ab und zu mal an einer frischen Westzigarette riechen durfte, die leider immer nur die Verwandtschaft meiner Freunde mitbrachte, da meine Westverwandtschaft durch die Bank nicht rauchte.

Ähnlich verhielt es sich mit dem Geschmack. Ostzigaretten schmeckten in erster Linie so, wie es schmeckt, wenn man einen organischen Stoff, Tabak, verbrennt. Ostzigaretten schmeckten nach Teer und Nikotin, beißend und schwer. Westzigaretten schmeckten zuerst nach Aroma und unter dem Aroma erst nach Teer und Nikotin. Im Nachgeschmack aber unterschieden sich Ost- und Westzigaretten gar nicht. Der Nachgeschmack war bei beiden einfach und klar: ekelhaft.

Im Westen angekommen, verlor die Marlboro recht plötzlich ihr himmlisches Aroma. Außerdem rauchte sich eine Marlboro deutlich schneller weg als eine Club. Aber egal ob es Ost- oder Westzigaretten waren, ihr Inhalt hatte die gleiche nützliche Funktion bei der Überwindung postpubertärer Kontakthemmungen. Leider teilen Ost- und Westzigaretten eine weitere unangenehme Eigenschaft. Sie bleiben an einem kleben, viel länger, als es flirttechnisch notwendig wäre. Sie machen irgendwie süchtig. Gerade so, wie ich es immer wieder von meiner Mutter gehört und wie ich es nach meiner Eintagsbeziehung mit Manni zum ersten Mal erlebt hatte.

Noch viel weniger als die Zigaretten unterschieden sich die Jungs. Sie waren im Westen genauso schüchtern wie im Osten. Sie hielten sich im Westen genauso wie im Osten an den Zigaretten fest, weil ihnen ohne Zigaretten der Grund fehlte, ein Mädchen nach seinem Namen zu fragen.

Ich glaube, dass ich kein einziges Mal in meinem Leben verliebt war, ohne dass Zigaretten im Spiel waren. Es wäre müßig, all die Beziehungen aufzulisten, die ich als Raucherin einging und als Nichtraucherin verließ. Allerdings blicke ich mit meinen über 40 Lebensjahren auf eine Korrelation zurück, die bisher noch keinem Soziologen aufgefallen ist: Die Phasen, in denen ich nicht rauchte, wurden mit zunehmendem Alter immer länger, weil die (zigaretteninitiierten) Beziehungen mit zunehmendem Alter immer länger hielten.

Solange ich zurückdenken kann, haben mich neue Beziehungen immer sehr gestresst. Weil neue Beziehungen immer die gleiche Unruhe ins Leben bringen, weil mich die meisten Männer zu nerven begannen, sobald die Phase überwunden war, in der man zusammen rauchte. Und nach den Zigaretten kamen die Macken. Und nach den Macken die Trennung. Und nach der Trennung die neue Beziehung. Und mit der neuen Beziehung die Raucherei. Ein Teufelskreis, den ich nur durch eine endgültige Beziehung durchbrechen konnte.

Ich machte mich auf die Suche nach dieser endgültigen nikotinfreien Beziehung, und zwar genusstechnisch im falschen Moment, nämlich als ich den Osten mit seinen ehrlichen, aber unerotischen Secondhandzigaretten verlassen hatte und im Land der leckeren Westzigaretten angekommen war.

Als ich dann die Beziehung mit meinem bisher einzigen Ehemann einging, begann auch die bisher längste Nichtraucherphase meines Lebens, was der oben erwähnten Korrelationslogik entspricht, die bisher merkwürdigerweise noch nicht einmal von amerikanischen Wissenschaftlern erforscht worden ist. Als wir uns kennenlernten, war ich schon seit Monaten in der glücklichen Lage, mich Nichtraucherin nennen zu können, weil ich seit einem halben Jahr mit einem Jungen zusammen war, den ich geheiratet hätte, wenn ich nicht seinen Nachfolger geheiratet hätte. Obwohl ich mit diesem Nachfolger dann etliche Jahre verbrachte (davon sogar eine zweistellige Zahl von Ehejahren), war unsere gemeinsame Raucherzeit besonders kurz.

Auch er konnte nicht rauchen. Aber er machte tapfer mit. Das Rauchen strengte ihn richtig an. Es erforderte offensichtlich viel Kraft, den Hustenreiz zu unterdrücken. Ich erinnerte mich an meine erste Zigarette mit Manni. Ich wusste, was er durchmachte. Aber ich lachte nicht über ihn, wie Manni über mich gelacht hatte. Denn von diesem Mann wollte ich nicht nur geknutscht, sondern geheiratet werden. Ich wollte ihn heiraten, obwohl seine Rauchmanöver alles andere als cool aussahen. Denn ich wusste zu diesem Zeitpunkt schon, dass Männer, die zum Heiraten gemacht sind, allerhand Fähigkeiten mitbringen müssen. »Cool« sollten sie aber nicht sein. Jedenfalls nicht mehr, seit ich auf der Suche nach einem Ehemann war.

Insofern war er der perfekte Kandidat. Vor dem Altar schworen wir uns dann Liebe und Treue – und zwar bis ans Ende unserer Tage. Ich schwor ihm außerdem, denn darauf legte er wert, das Rauchen zu lassen. Das war nicht schwer, denn als wir heirateten, waren wir längst nicht mehr verliebt. Ich schwor dem Rauchen ab – bis der Tod uns scheidet, bis ans Ende unserer Tage.

Unsere Tage endeten früher, als ich bei Ableistung dieser Schwüre gedacht hatte. Als wir uns scheiden ließen, war es vorbei mit der gesunden Eheroutine, die ohne das Locken mit einer Zigarette auskommt. Rückblickend bin ich dennoch recht zufrieden über die relativ lange Dauer dieser Ehe.

Denn die Ehe ist gesund! Das ist ein Aspekt, auf den bisher in der öffentlichen Debatte noch nicht genügend hingewiesen wurde. Es ist wirklich über alle Maßen gesund, einen Ehemann zu besitzen und kraft dieses Status nicht mehr von wildfremden Männern angebaggert und zum Rauchen verleitet zu werden. Scheidungen sind hingegen ungesund. Nach meiner Scheidung ging es recht bald wieder voll los mit dem Stress, dem Rumgesuche, mit dem Rumgerauche und mit dem schlechten Gewissen.

Im Moment suche ich keinen Mann. Ich habe einen Freund. Über das Stadium des gemeinsamen Rauchens sind wir schon seit einer Weile hinaus. Also alles in Ordnung.

Mein Freund ist zwar ganz anders als sein Vorgänger, aber was das Rauchen betrifft, so hat er sich ähnlich uncool angestellt. Er machte es sich noch etwas einfacher als mein Exmann, der ja immerhin der Liebe wegen echten Rauch in seine Lungen gelassen hatte. Mein Freund hingegen tat nur so. Oder um es mit dem bekannten

Wort zu sagen: »He smoked, but he didn't inhale.« Sehr uncool. Trotzdem werden wir nicht heiraten. Ein zweites Mal, das habe ich erkannt, heiraten nur Ursachenverdränger, Steuersparer und sonstige Idioten.

Mein Freund ist ein sehr toleranter Mensch. Obwohl er weder rauchen kann noch will, hätte er es mir, anders als mein Exmann, nicht übel genommen, wenn ich nach unserer verklemmten Anfangszeit weitergeraucht hätte. Er würde auch nie an mir herumschnüffeln wie meine Mutter. Es fehlt mir insofern an jeder Form von Repression. Ich bin frei. Ich kann tun und lassen und rauchen, was ich will. Obwohl wir nicht heirateten und uns auch nicht Treue bis in den Tod schworen, trennten wir uns nicht, bisher jedenfalls. Und obwohl er keinen Druck machte, rauchte ich nicht.

Und ausgerechnet diese Mischung aus Freiheit und Repressionslosigkeit hat mich nun an mein wahres Selbst geführt. Dieses Selbst ist, wie ich vor einigen Monaten lernte, komplett charakterlos.

Mein Selbst hatte kürzlich Geld übrig, und zwar ausländisches, in der Heimat völlig wertloses Geld. Dieses Selbst befand sich in diesem Moment des Überflusses ausgerechnet in einem Duty-free-Shop. Es gab hier jede Menge überflüssiger Dinge. Parfüms und Schnäpse und Souvenirs und Designerkitsch, alles halb geschenkt. Was aber kaufte mein Selbst? Drei Stangen Gauloises. Die roten. Möglicherweise nur, weil sie hier so billig waren. Eine andere Erklärung fällt mir jedenfalls nicht ein. Und keine Mutter und kein Ehemann weit und breit, die mich mit Repressionen oder Vorträgen in eine andere Abteilung, meinetwegen sogar zu Tommy Hilfiger, abdrängt hätten. Mein wahres Selbst kaufte, ohne mit der Wimper zu zucken, drei ganze Stangen Gauloises, das sind 600 Zigaretten. Zum Vorzugspreis.

Ich werde monatelang damit beschäftigt sein, die Zigaretten und ihren üblen Nachgeschmack loszuwerden. Ich werde sie rauchen, obwohl ich nicht verliebt bin. Damit es schneller geht, werde ich mit den roten Gauloises auf dem Balkon des Hochhauses, in dem ich arbeite, x-beliebige Kollegen verführen. Allerdings nur zum Mitrauchen. Und nicht, weil mir beim Anblick eines solchen Kollegen eine Sicherung durchbrennen und ich daraufhin das Bedürfnis verspüren würde, mit ihm zu rauchen, um seinen Namen zu erfahren.

Sogar mit Frauen werde ich auf dem Balkon stehen und rauchen. Einfach so. Ich werde diese Zigaretten, ohne jeden Grund und ohne auch nur ein Mal zu husten, in Zigarettenrauch aufgehen lassen – eine nach der anderen. So wie damals die Dorfjugend vor den Toren von Rostock.

Es gibt keine sozialen Gründe. Nur asoziale.

Diese Duty-free-Zigaretten liegen im Rollcontainer unter meinem Schreibtisch, und ich verstehe nicht, wie es so weit kommen konnte. Auch die Niederschrift dieser Zeilen hat keine Klarheit gebracht.

SCHLECHTE TAGE

Wie ich lernte, mit den beschissenen Tagen im Monat umzugehen, und wie doch eines Tages wieder alle drei Rettungsnetze rissen

Für Marina

Jede erwachsene Frau weiß, dass sie für gewisse Tage immer gerüstet sein muss. Bestenfalls mit einem Tampon, hilfreicherweise mit einer Hose oder einem Rock in dunkler Farbe und für den äußersten Notfall mit einem Pullover für die Hüfte.

Im Alter von 16 Jahren hatte ich zum ersten Mal in meinem Leben alle drei Dinge gleichzeitig vergessen. Ich war mit einer Horde anderer Pubertierender, Mädchen und Jungs, nach der Schule zum Baden an die Ostsee gefahren. Da passierte es.

Es war eines der schlimmsten Erlebnisse, an die ich mich in meinem ganzen Leben erinnern kann. Schlimmer als ein Kaiserschnitt, schlimmer als eine vaginale Entbindung. Schlimmer als der Verkehrsunfall vor fünf Jahren, den ich nur mithilfe eines Schutzengels und jeder Menge Airbags überlebte. Schlimmer als die Prügel, die ich an einem Winterabend auf einem verlassenen Spielplatz von einer Mädchenbande bezog, als ich ungefähr neun war. Schlimmer als die Extraktion meines Backenzahns rechts oben und die Zahnschmerzen, die zu der Extraktion geführt hatten. Sogar schlimmer als das Verhör durch den Bundesgrenzschutz, der mich auf dem Weg zu einem Freundinnenwochenende aus dem Flugzeug nach Bonn holte, nur weil ich dem sehr sorgfältigen, aber leider auch sehr humorlosen Sicherheitsbeamten, der in meinen Sachen herumwühlte, zugeraunt hatte, dass ich eine Bombe im Gepäck hätte – was ich einen Moment lang witzig gefunden hatte, er aber nicht.

Als ich an jenem zu Ende gehenden Strandtag im Sommer vor fast 30 Jahren wie vom Schlag getroffen bemerkte, was sich soeben in meiner superengen weißen Hose zugetragen hatte, da war es schon zu spät. Nur Hundertstelsekunden später begriff ich, dass ich mich in einer absolut ausweglosen Situation befand, denn es gibt nichts Sichtbareres als einen roten Fleck auf einer weißen Hose. Ich hatte keinen Pullover dabei, den ich mir um die Hüften hätte wickeln können, und ich war damals noch nicht cool genug (und übrigens wäre ich es heute auch nicht), um die Situation mit einem frechen Spruch zu entschärfen. Ich hatte natürlich auch keinen Tampon dabei, aber der hätte an meinem akuten Problem auch nichts mehr ändern können. Immerhin hätte ein Tampon den weiteren katastrophalen Fortschritt dieses Unglücks verhindert. So aber nahm die Katastrophe ihren Lauf.

Vom Strand in Warnemünde musste ich bis ins Stadtzentrum von Rostock. Vor mir lag also noch ein Fußweg von zehn Minuten, eine Fahrt mit der S-Bahn von 30 Minuten, einmal Umsteigen, sodann eine Fahrt mit der Straßenbahn von 15 Minuten und schließlich ein weiterer Fußweg von zwei Minuten. Eine halbe Weltreise!

Doch Gott hatte mich an diesem Tag nicht allein gelassen. Er hatte mir meine Freundin Marina an die Seite gestellt, die mir in dieser Situation Rückendeckung gab. Und zwar im wahrsten Sinne des Wortes.

Zunächst warteten wir, bis sich unsere pubertierenden Jungsfreunde und alle anderen auf den Heimweg gemacht hatten, und blieben so lange liegen, bis es fast dunkel war. Dann schlichen wir in Mini-Polonaise durch die Straßen von Warnemünde Richtung Bahnhof. Meine Freundin Marina ging ganz dicht hinter mir, und vor mir trug ich meine gestreifte Strandtasche. Natürlich hätte ich mir mein Handtuch umlegen können, doch auch das war längst ausgeschieden, denn beim Sitzen am Strand und beim Warten auf die Dunkelheit hatte ich mich dummerweise nicht in den Sand, sondern auf mein Handtuch gesetzt. Dabei hatte ich es ebenfalls kontaminiert und als Versteck unbrauchbar gemacht. Und Marina gehörte zu jenen Hardcore-Strandfreunden, die sich direkt in den Sand legen und nie ein Handtuch dabeihaben.

Wir mieden die Promenade und den Alten Strom, doch auch in den Nebenstraßen hatte ich das Gefühl, die größtmögliche Aufmerksamkeit zu erregen. Ich wusste, dass alle, alle, alle uns fixierten, sich nach uns umdrehten und geradezu nach einem Fleck in meiner Hose suchten.

Ich war mir in diesen langen Momenten sicher, dass sich ganz Warnemünde mein Gesicht merken und mich mein Leben lang wiedererkennen würde. Sie würden mit dem Finger auf mich zeigen, wenn ich mich das nächste Mal hierher an den Strand wagen würde.

Ich wusste außerdem, dass diese Menschen mich bestimmt noch in 100 Jahren wiedererkennen würden, und ich war sicher, dass sie meiner ganzen Klasse berichten würden, was mir mitten in der Warnemünder Öffentlichkeit passiert war und wie ich versucht hatte, die Sache mit Marinas Hilfe zu vertuschen.

Der Weg zum Bahnhof von Warnemünde kam mir vor wie ein Gang zum Schafott. Unendlich lang und sehr beschwerlich, denn Marina klebte fast an meiner Rückseite. Doch irgendwie gelangten wir von Etappe zu Etappe: erst zur S-Bahn, dann zur Straßenbahn. Und schließlich machte Marina sogar noch einen Umweg bis zu meinem Haus, damit ich auch auf dem letzten Stückchen Weg nicht deckungslos bleiben musste. Sie brachte mich bis an die Wohnungstür, wo sie mich meiner Mutter übergab, die schon mit erhobener Hand gewartet hatte, weil es so spät geworden war.

Als meine Mutter sah, was passiert war, ließ sie

ihre Hand sinken, nahm mich in den Arm und tröstete mich. Ich ging sofort unter die Dusche, denn ich wollte nicht nur das Salz der Ostsee abwaschen. Meine Mutter brachte unterdessen Marina nach Hause, um ihrer ebenfalls wütenden und ebenfalls wartenden Mutter zu erklären, was passiert war, denn sehen konnte sie es ja nicht mehr, weil ich unter der Dusche stand. Auch Marinas Mutter musste nun würdigen, welche Großtat ihre Tochter gerade vollbracht hatte. Und ich bin Marina auch noch Jahrzehnte später dankbar für die rettende Begleitung, die sie mir zuteilwerden ließ – aus nichts als reiner Freundschaft.

Aus diesem schlimmen Tag zog ich eine Lehre und fasste einen Vorsatz, für den das Adjektiv »gut« nicht gut genug ist. Es war ein essenzieller Vorsatz: Ich wollte nie wieder nachlässig sein in Bezug auf jene Tage, die viele Frauen unpassenderweise »ihre« Tage nennen.

Ich sträubte mich übrigens lange, vor allem nach diesem Erlebnis, gegen diese Bezeichnung. Schon deswegen, weil ich fand, dass diese Tage nicht »meine« Tage waren. Ich fand das Possessivpronomen »mein« in Verbindung mit so beschissenen Tagen einfach falsch. Meine Freundinnen und ich benutzten, solange die Pubertät noch im vollen Gang war, die viel passendere Bezeichnung »Scheiß«. Man hatte »seinen Scheiß«, nichts anderes. Da passte dann auch wieder das Possessivpronomen.

Leider, da überzeugte mich wiederum meine Kraftworte verabscheuende Mutter, hört sich das Wort »Scheiß« nicht in allen Kontexten passend an, vor allem wenn man nicht mehr 16 ist. Irgendwann so um die 30 gewöhnte ich es mir dann doch an, von »meinen« Tagen zu sprechen. Ich stolpere aber noch immer über das falsche Possessivpronomen.

Dem Vorsatz, den ich damals fasste, verdanke ich lange Jahre ohne Zwischenfall. Doch ein Menschenleben besteht aus vielen Tagen. Und man muss auf so vieles achten. Auf die schlanke Linie zum Beispiel. Auf gesunde Ernährung. Auf die Erziehung der Kinder muss man achten und auf Ordnung im Haushalt. Aber auch darauf, dass die Bluse zu den Schuhen und die Schuhe zum Wetter und das Wetter zur Farbe der Beinkleider passt. Wenn das Wetter Weiß verlangt, die beschissenen Tage aber Weiß verbieten, haben die Tage Priorität. Das darf man nie verwechseln.

Je älter ich wurde, desto toleranter wurde ich gegenüber der Farbe Weiß. Man wird ja auch immer erfahrener. Und jahrzehntelang ging ja auch alles gut. Nicht dass ich immer alles dabeigehabt hätte. Aber wenn ich mal die Tampons vergessen hatte, retteten mich dunkle Hosen, Freundinnen oder Kolleginnen, die Tampons dabeihatten. Wenn diese beiden Rettungsnetze gerissen waren, rettete mich Rettungsnetz Nummer drei, der Pullover, den man sich um die Hüften schlingen kann und dabei noch besonders lässig aussieht. Ja, für den weiblichen GAU, auf den Frauen monatlich durch die Kraft der Biologie zusteuern, braucht es schon ein dreifaches Rettungsnetz.

Es passiert nicht oft, aber auszuschließen ist es lei-

der doch nicht, dass drei Rettungsnetze gleichzeitig be-
ziehungsweise nacheinander reißen. Das passierte mir,
als ich schon in den Vierzigern war, in einem Alter also,
in dem man sich nicht mehr mit der Ahnungslosigkeit
und der Nachlässigkeit der Pubertät herausreden kann.

Es war mal wieder ein wunderbarer Sommertag,
ein Tag, der nach hellen Farben schreit. Es war aber
auch ein ganz normaler Arbeitstag. Es war, drittens, ein
schöner, aber leider auch ein blutiger Sommertag. Ich
wusste, seit ich 16 war, dass Hell mit Vorsicht verwendet werden sollte. Aus einem Grund, für den ich heute
keine Erklärung mehr habe, wählte ich keine der drei
risikolosen Farben Schwarz oder Braun oder Dunkel-
blau, sondern Orange. Orange ist ja auch nicht Weiß,
müsste also gehen. So oder ähnlich muss ich an diesem
Morgen gedacht haben.

Hinzu kam die Tatsache, dass dieses Kleid in Orange so herrlich am Körper herunterfloss, dass es die pro-
blematischen Stellen versteckte und die vorteilhaften
hervorhob. Für diese Eitelkeit wurde ich bestraft. Und
zwar in einem richtig großen Großraumbüro.

Ein Großraumbüro, in dem ungefähr 60 Menschen
arbeiten. Schlimme Menschen: Kollegen nämlich! Die
meisten davon Männer! Das Büro ist mindestens 20
Meter breit und 40 Meter lang, und mein Platz war der
äußerste in einer langen Reihe von Schreibtischen. Und
die Toiletten, die waren auf der anderen Seite – 40 Meter weit entfernt.

Als es blubb machte, brauchte ich wieder nur Hundertstelsekunden, um zu begreifen, dass ich verloren war. Denn einen Tampon hatte ich zwar dabei, aber er steckte in der Tasche. Also an der falschen Stelle! Ich blieb wie angewurzelt sitzen, denn aufstehen konnte ich ja nicht. Neben mir saß ein besonders sympathischer junger Kollege, und weil er so jung und so sympathisch war und weil wir außerdem gerade ein bisschen geflirtet hatten, konnte ich ihn nicht um Hilfe bitten – obwohl er einen dunkelblauen Pullover um die Schultern gebunden hatte, für den ich jetzt alles, wirklich alles gegeben hätte. Ich war mir aber ziemlich sicher, dass er diesen Pullover gegen die Kälte im Großraumbüro dabeihatte und nicht, um einer 15 Jahre älteren, menstruierenden Kollegin einen Sichtschutz zu bieten. Darum wäre ich lieber auf meinem Stuhl verblutet, als ihn um seinen Pullover zu bitten.

Ich vergeudete ein paar Minuten damit, die Innenarchitekten dieses Großraumbüros zu verfluchen. Sie hatten dieses Büro ganz dem Leitbild der Transparenz und der schrankenlosen Kommunikation gewidmet. Ich erkannte in diesem Moment glasklar den frauenfeindlichen Aspekt dieses Planungsansatzes und wusste sicher, dass hier nur männliche Innenarchitekten am Werk gewesen sein mussten. Und die hatten beim Designen ihrer totalen Transparenz natürlich die Frauen vergessen. Typisch Mann.

Ich schwöre, dass ich Männer normalerweise nicht hasse. Jetzt aber hasste ich sie. Ich wusste, dass Männer nichts unversucht lassen, um Frauen aus ihren Revieren zu vertreiben. Oder warum sonst hatten sie den Geheimweg für blutverschmierte Frauen bei der Planung dieses Großraumbüros vergessen? So einen Geheimweg nicht gebaut zu haben war nichts anderes als Frauendiskriminierung. Eine Menschenrechtsverletzung und purer Machtmissbrauch. Das alles wusste ich in diesen Momenten.

Es konnte nichts anderes sein als ein perfider Plan zur Unterdrückung. Hätten wir eine Frauenbeauftragte gehabt, ich hätte sie sofort alarmiert. Stattdessen plante ich den Gang vor das Bundesverfassungsgericht und an den Europäischen Gerichtshof für Menschenrechte.

Schließlich half mir eine Zeitung, von denen in Zeitungsredaktionen meist genug herumliegen, mich auf den Weg zu machen. Es war die »Bild«-Zeitung. Ich hielt sie so unauffällig wie möglich vor meine Rückseite. Natürlich war mir sehr wohl bewusst, dass auch die unauffälligste Haltung auffällig war.

Ich wusste außerdem, dass alle Kollegen meinen 40 Meter langen Weg zu den Waschräumen heimlich beobachteten. Sie taten nur so, als würden sie arbeiten. Ich hasste die Kollegen dafür nicht weniger als die Innenarchitekten. Bis heute gebe ich den Innenarchitekten und den Kollegen die Schuld an dem, was mir passiert war, obwohl ich schon lange nicht mehr in diesem Großraumbüro arbeite.

Mein Weg zum Klo dauerte mehrere Stunden, vielleicht sogar Tage oder Wochen. Völlig ausgelaugt erreichte ich es dann aber doch.

Meine Wut verrauchte hier kurzzeitig. Denn die Damentoiletten waren offensichtlich nicht von Männern geplant worden. Ich hatte mich jahrelang darüber gewundert, warum es in unseren Bürowaschräumen so viele Waschbecken gab. Es gab Waschbecken nicht nur vor den Klokabinen, sondern auch in den Klokabinen. In jeder Klokabine hing neben dem Klobecken ein Handwaschbecken, das ich zuvor noch nie benutzt hatte. Gestern noch so überflüssig, heute so sinnvoll, so durchdacht, so wundervoll.

Ich erkannte urplötzlich den tiefen Sinn dieser Kabinenwaschbecken, und ich erkannte auch, dass für die Planung dieser Zellen natürlich weibliche Innenarchitekten verantwortlich gewesen sein müssen. Bestimmt hatte es damals, bei der Planung des Hochhauses, einen Streit zwischen den männlichen und weiblichen Innenarchitekten gegeben: Die Frauen hatten den Frauen-Geheimgang im Großraumbüro gefordert, die Männer hatten sich geweigert.

Dann hatten die Frauen rumgezickt, woraufhin die Männer ihnen die Waschbecken in den Toilettenzellen anboten. Es war mal wieder typisch für die Frauen, dass sie den Geheimgang nicht durchgesetzt hatten. Immerhin rettete mich jetzt die Komfort-Toilettenzelle. Ich wollte nicht undankbar sein.

Ich schloss mich in der Kabine ein, zog mein Kleid aus und begann mit der Behandlung der Flecken. Sie gingen auch mühelos raus, was mich wunderte, weil ich ja Wochen bis hierher gebraucht hatte und Wochen altes Blut eigentlich ein Fall für die Problemwäsche ist. Womöglich waren seit Eintritt des GAUs doch nur zwei Minuten vergangen. Egal.

Der Fleck war jedenfalls weg. Nun aber war mein Kleid an der hinteren unteren Hälfte nass. Es sah, wie ich im Spiegel gleich erkannte, genauso schlimm aus, nur anders schlimm. Wie eingepinkelt. Sollte ich jetzt lachen oder heulen?

Ich beschloss spontan, in dieser Klokabine auszuharren, bis das Kleid trocken war. Doch nach etwas Bedenkzeit fand ich die Idee nicht mehr so schlau, denn es war schon 16 Uhr und die Kinder warteten zu Hause. »Warum nehmen meine Kinder nie Rücksicht auf ihre Mutter?«, dachte ich und war nun nicht nur wütend auf männliche und weibliche Innenarchitekten, Kolleginnen und Kollegen, sondern auch auf sie, meine Kinder.

Ich weiß nicht, wie lange ich in der Klokabine ausharrte, ehe mir die rettende Idee kam: Ich steckte das ganze Kleid ins Handwaschbecken, bis es durch und durch einfarbig, dunkelorange und klatschnass war. Ich trocknete es dann leidlich mit ungefähr 500 Papiertaschentüchern, zog es noch immer ziemlich nass wieder an, schlich zurück an meinen Platz und ließ das Kleid am Körper trocknen.

Ich weiß nicht, wie viele Kollegen den Farbwechsel bemerkten. Sie taten ja wieder so, als würden sie arbeiten. Ich jedenfalls erschien in der folgenden Woche nicht im Großraumbüro. Ich lag mit Bronchitis und Blasenentzündung im Bett, verfasste Briefe an das

Bundesverfassungsgericht und an den Europäischen Gerichtshof für Menschenrechte und an die Bundesinnenarchitektenkammer und an den Betriebsrat und träumte mich, das erste Mal in meinem Leben, in eine fernere Zukunft jenseits der Wechseljahre, in der ich diese Frauenprobleme nicht mehr haben würde. Die Briefe habe ich übrigens nie abgeschickt.

GANZ SCHÖN UNFIT

Drei Kapitel für Menschen,
die mehr Sport treiben wollen

*Für die Frau im braunen Baumwollrock, die am 17. März
mit dem Fahrrad durch Dahlem fuhr*

Für Madonna

Und für Imke

MIT DEM FAHRRAD INS BÜRO

Wie ich einen Tag lang gesund, schlank, sportlich und ökologisch zugleich sein wollte und am Ende an den Umständen scheiterte

Neulich fasste ich einen richtig guten Vorsatz: Ich nahm mir vor, künftig nicht mehr mit dem Auto zur Arbeit zu fahren, sondern mit dem Fahrrad. Es war Frühling. Die Sonne schien, und der Himmel war so blau, wie er wohl nur nördlich von Frankfurt blau sein kann. Und der Frühling war so jäh hereingebrochen, er hatte so unvermittelt den langen Winter abgelöst, er hatte so plötzlich die Temperatur um 20 Grad hochgedreht, wie es wohl nur nördlich von Frankfurt möglich ist.

Der Berliner Frühling ist der mit Sicherheit am sehnlichsten erwartete Frühling von ganz Deutschland. Denn nirgendwo ist der Winter schlimmer, nirgendwo weht der Wind noch im März schärfer. Nirgendwo ist der Winter so lange so dunkel und so kalt und so grau und so kahl wie in Berlin. Irgendwann aber kommt er, der Frühling. Dann fühlen sich alle Berliner so, wie man sich fühlt, wenn man lange leiden musste – man ist besonders dankbar für jede Linderung. Und darum wird der Frühling in Berlin mit millionenfacher Demut und Dankbarkeit begrüßt.

Das alles sage ich nur deswegen und benutze dafür nur deshalb so ein poetisches Vokabular, weil ich die Gemütsverfassung schildern muss, in der mich dieser Frühling antraf. Ich war dankbar und glücklich, als plötzlich eines Morgens im April das Thermometer 22 Grad Celsius anzeigte. Ich sah den blauen Himmel, und ich sah herrliche Vögel, die darin unterwegs waren und herrliche Lieder sangen. Ich ging ohne Jacke auf die Straße und steuerte auf mein Auto zu, denn ich wollte ins Büro fahren. Ich hatte das sichere Gefühl, einen guten Tag vor mir zu haben, einen Tag, an dem ich ganz viel schaffen würde. Bis zu diesem Moment war noch alles stimmig.

Doch dann stieg ich ins Auto, das ich unter dem noch laublosen Nussbaum vor unserem Haus geparkt hatte. Die Sonne, die ich kurz zuvor noch anbetungswürdig fand, hatte seit drei Stunden auf das Autodach geknallt und dabei den Innenraum auf mindestens 35 Grad hochgeheizt. »Jetzt geht das wieder los«, dachte ich und spürte förmlich, wie das junge Pflänzchen meiner euphorischen Frühlingslaune anfing, die Blätter hängen zu lassen.

Die Hitze in meinem Auto ließ mich sofort vergessen, wie schön der Berliner Frühling ist, und brachte mir in Erinnerung, wie schrecklich trocken, wie unerträglich heiß und wie endlos und stickig der Berliner

Sommer werden würde. Natürlich hätte ich einfach die Klimaanlage aufdrehen können und nach nur drei Minuten wäre der rollende Kasten, mit dem ich ins Büro fahren wollte, angenehm temperiert gewesen. Ich hatte schon die Hand auf dem Temperaturregler, als an meinem parkenden Brutkasten ein Schatten vorbeihuschte.

Ich schaute auf und sah ein Fahrrad. Und auf dem Fahrrad eine Frau. Sie sah toll aus. Sie war so alt wie ich. Ungefähr. Okay, vielleicht war sie zehn Jahre jünger als ich. Sie bog gerade ab in die nächste Straße, und dabei klappte der Fahrtwind ihren dünnen, braunen Baumwollrock übers Knie. Sie trug keinen Fahrradhelm, ihre Haare wehten im Wind, und auf ihrem Gesicht lag ein Lächeln, so leicht und frei und glücklich, wie ich mich auch gerade eben noch gefühlt hatte, bevor ich in dieses heiße Auto gestiegen war.

So kam es, dass ich den Entschluss fasste. Das heißt, eigentlich kam die Tat vor dem Entschluss. Ich merkte, dass ich den Schlüssel aus dem Zündschloss zog und ausstieg. Ich verließ mein Auto so kurz entschlossen, wie ein Mann seine zu ihm gehörende Ehefrau verlassen kann, um mit einer Hippieschlampe durchzubrennen, und vermutlich schloss ich es nicht mal ab. Ich steuerte direkt auf unsere Garage zu, in der mein Fahrrad steht. Es war nicht verstaubt und hatte auch keinen platten Reifen, denn ich benutze mein Fahrrad gelegentlich, wenn ich meine Kleine zum 500 Meter entfernten Kindergarten oder meine Große zur 1000 Meter entfernten Schule begleite. Darum ist es immer fahrbereit.

Ich habe ein richtig gutes Fahrrad. Es hat vor fünf Jahren mal fast 900 Euro gekostet. Ich schob mein Fahrrad aus der Garage, setzte mich drauf und freute mich darüber, wie bequem und leicht und genau passend es für mich ist. Ich fand mal wieder, dass die 900 Euro damals nicht zum Fenster rausgeschmissen waren, auch wenn ich es so selten und für so kurze Strecken benutze wie die Fahrten zu Schule und Kindergarten. Das finde ich jedes Mal, wenn ich auf mein Fahrrad steige, aber diesmal empfand ich es nicht aus Trotz gegenüber einer Investition, die vielleicht unvernünftig war, wie mir eine tiefere Schicht meines Bewusstseins immer wieder einzureden versuchte. Ich hatte eine längere Strecke vor mir, eine Strecke, für die man keine Billigfahrradgurke aus dem Baumarkt benutzen sollte, sondern ein hochwertiges, leichtgängiges Schweizer Fahrrad der Marke Villiger, das 900 Euro gekostet hat. Plötzlich war ich unterwegs.

Es war toll. Der Fahrtwind, den ich selbst erzeugte, fuhr mir ins Gesicht – genau wie bei der Frau, die ich vorhin so schön gefunden hatte. Wahrscheinlich wehten meine Haare nicht so wie die Haare dieser Frau, denn meine Haare sind dafür zu kurz. Auch mein Rock konnte nicht übers Knie klappen, denn ich hatte keinen Rock an, sondern eine weiße Hose aus Leinen. Die war zwar recht weit, aber doch nicht weit genug, um ein nennenswertes Stück Bein freizugeben, wenn ich in die Kurve ging. Trotzdem legte ich mich scharf in die Kurven. Ich gab Gas und freute mich darüber, wie schnell sich ein Mensch mit eigener Muskelkraft fortbewegen kann.

Ich wohne in Zehlendorf und arbeite in Kreuzberg. Von meiner Steuererklärung weiß ich, dass ich täglich einen steuerrelevanten Arbeitsweg von 26 Kilometern zurücklege, 13 Kilometer hin und 13 zurück. Dafür brauche ich, wenn ich außerhalb der Hauptverkehrszeit ins Büro fahre, wenn es außerdem nicht schneit und nicht regnet, wenn kein Unfall und keine Baustelle die Stadtautobahn verstopft, wenn in Berlin nicht gerade Marathon oder Halbmarathon oder Velo- oder Skaterwochenende oder Christopher-Street-Day oder Karneval der Kulturen, ist ungefähr eine halbe Stunde. Ansonsten kann es länger dauern, im Extremfall dreimal so lange. Und war nicht eigentlich jeden Tag irgendetwas los auf Berlins Straßen, was einem das Autofahren vergällen konnte? War es nicht eigentlich die absolute Ausnahme, dass ich es in 30 Minuten ins Büro schaffte?

Diese Überlegungen schossen mir durch den Kopf, während ich auf meinem Rad Richtung Norden fuhr. Sie schossen mir das erste Mal in meinem Leben durch den Kopf, und ich erinnerte mich daran, dass ich ansonsten fast jeden Tag der Meinung war, dass ich fast nie länger als eine halbe Stunde ins Büro brauche. Das stellte ich besonders denjenigen Zeitgenossen gegenüber immer entschieden klar, die finden, dass man auch mit der S-Bahn oder mit der U-Bahn oder mit dem Fahrrad zur Arbeit fahren kann. »Die Zeit dazu, meine Lieben, habe ich einfach nicht«, sagte ich ihnen, so oft sie es hören wollten.

Heute aber wurde mir auf einmal klar, wie viel Gutes ich auf einen Streich tun könnte, wenn ich künftig immer mit dem Fahrrad fahren würde. Ich würde fit werden und kein schlechtes Gewissen mehr haben müssen, weil es mindestens zwei Jahre her war, dass ich die Joggingschuhe anhatte. Ich würde frische Luft kriegen, so viel und so gesund wie ein Landkind. Ich würde die Umwelt schonen. Ja, ich dachte in diesem Moment allen Ernstes in Freundschaftlichkeit und Wärme an die Umwelt. Und ich wollte sie schonen, obwohl ich noch gestern ohne schlechtes Gewissen mit meinem Volvo XC 90, der 80 Liter Diesel fasst und davon in der Stadt mindestens 12 Liter frisst, erst zur Schule, dann zum Kindergarten, dann ins Büro und wieder zurück und am Abend noch mal zur Bank, zum Supermarkt und ins Restaurant um die Ecke gefahren war.

Als ich nun, nach etwa zwei Kilometern auf dem Fahrrad, den ersten Schweißtropfen auf der Stirn fühlte, war ich gänzlich high, denn schwitzen bedeutete doch nichts anderes als Gewichtsverlust. Jeden Tag würde ich ab heute Gewicht wegstrampeln, die Umwelt schonen, fit und landgesund werden und obendrein noch allerhand Spritgeld sparen.

Ich fand mich großartig.

Nach drei Kilometern kam ich an die Autobahnauffahrt. In allerletzter Sekunde fiel mir ein, dass ich mit meinem Fahrrad absolut nicht die gleichen Wege fahren konnte wie mit dem Auto und dass ich auf keinen Fall mit dem Rad auf die Autobahn durfte. Aber wie sollte ich sonst ins Büro kommen? Ich hatte bei meinem spontanen Sprung aufs Fahrrad natürlich vergessen, so etwas wie einen Stadtplan mitzunehmen, denn wenn ich Auto fahre und nicht weiterweiß, hilft mir mein Navigationsgerät. Und der Stadtplan, den ich im Kopf habe, ist ein Autostadtplan.

Ich finde mich in Berlin mit dem Auto ganz gut zurecht, weil ich mit meinem großen Auto gern die großen Trassen benutze, und diese großen Trassen kenne ich. Mit dem Fahrrad, das machte ich mir schnell klar, wäre es auf diesen Trassen wenig komfortabel, vor allem sobald ich Zehlendorf verlassen haben würde. Wenn ich die Clayallee oder die Hauptstraße oder die Schloßstraße oder die Potsdamer Straße führe, würde sich der erhoffte Multi-Erholungseffekt nicht einstellen, dann könnte ich auch gleich auf der Autobahn radeln.

Aus diesem Dilemma half mir im Moment nur Kompromissbereitschaft. Ich nahm die Achse Schloss-Haupt-Potsdamer Straße und beschloss, im Büro einen grünen Rückweg zu googeln.

Ich will es kurz machen: Auf dem Weg nach Kreuzberg verfuhr ich mich zwei Mal, nachdem ich die Potsdamer Straße verlassen hatte und auf dem Weg zum Springerhochhaus Nebenstraßen fahren wollte. Ich entging drei Mal dem Zusammenstoß mit einem Auto und ein Mal, sehr knapp, der Kollision mit einer Autotür. Die Luft, die ich einatmete, war deutlich zu oft schwarz von Ruß, was an den vielen BVG-Bussen lag, die sich die Straße mit mir teilten. Als ich zehn Minuten lang auf den Bürgersteig auswich, musste mein Vorderrad mit zu hohen Bürgersteigschwellen und ich mit ausrastenden Bürgersteigbenutzern kämpfen.

Ein Mal rannte mir ein Hund hinterher, der versuchte, mich zu beißen, was er nicht schaffte, weil ich schneller war. Dafür fuhr ich ein Mal mit dem Vorderrad meines Schweizer Villiger durch die Scheiße eines solchen Tieres. »Besser, als mit dem Fuß reinzutreten«, dachte ich mir, fand aber, dass ein 900 Euro teures, fast nagelneues Fahrrad so eine Entehrung nicht verdient hatte.

Als ich nach anderthalb Stunden im Büro ankam, war ich völlig zerstört. Ich sah so aus, wie man eben aussieht, wenn man anderthalb Stunden gleichzeitig transpiriert und gestrampelt hat. Nicht unbedingt dünner oder multipel erholt, sondern rot und schweißverklebt. Und so zerknittert, als hätte ich in Kleidern geschlafen. Auch meine Schminke sah aus, als sei sie noch von gestern. Und außerdem war mein rechtes Hosenbein mehrfach in unfreundlichen Kontakt mit der Fahrradkette gekommen. Es war verschmiert von einem schwarzen Zeug, einer Mischung aus Fahrradöl, Eisenabrieb und Straßendreck.

Der Blick auf mein Hosenbein war das Schlimmste an dem Totalschaden, den ich soeben davongetragen hatte, denn diese weiße Leinenhose war heute Morgen noch meine Lieblingshose, und mein Hausfrauenblick ließ keinen Zweifel an der Tatsache zu, dass kein Waschmittel dieser Welt dieses Hosenbein wieder weiß kriegen würde.

Ich verdrückte mich in mein Büro und verließ es nicht öfter als nötig, um Begegnungen mit Kollegen zu vermeiden. Ich wollte nicht auch noch blöde Kommentare hören, denn ich wusste ja, wie ich aussah.

Beim Arbeiten störte mich mein derangierter Zustand nicht. Nachdem ich wieder zu Puste gekommen war, setzte ich meinen Plan um und suchte mit Google nach einer schönen, fahrradtauglichen Route zurück nach Zehlendorf. Ich druckte mir die Route aus. Sie war fast zwei DIN-A4-Seiten lang und führte durch Straßen, deren Namen ich noch nie gehört hatte und deren Aneinanderreihung ich unmöglich im Kopf behalten würde. Doch dieser Routenplan nahm mir die Angst vor dem 13 Kilometer langen Rückweg.

Nachdem ich mich also wieder beruhigt hatte, vergaß ich beim Vor-mich-hin-Arbeiten die Strapazen dieses Morgens und verdrängte die Strapazen, die der Abend für mich bereithalten sollte. Ich war konzentriert bei der Sache und merkte nicht, was unterdessen draußen passierte. Ich merkte nicht, dass sich draußen Wolken zusammenzogen und den schönen, blauen Berliner Himmel verdunkelten.

Wenn man das Glück hat, in einem Hightech-Hochhaus zu arbeiten, das über eine Mitarbeitertiefgarage, Sonnen- und Sichtschutz und über eine überaus fitte Klimaanlage verfügt, eine Klimaanlage, die jeden

Mitarbeiter schnell lehrt, dass er im Hochsommer nie ohne Strickjacke zur Arbeit gehen sollte, dann vergisst man mit den Jahren wohl die Tatsache, dass Wetter etwas ist, das einen etwas angehen könnte. Ich war es nicht gewohnt, darauf zu achten, ob es draußen regnet oder stürmt. Man ist ja nie draußen. Man ist drinnen. Immerzu. Entweder im Büro oder auf dem überdachten Weg zum Auto oder im Auto.

Und in meinem Auto merke ich vom Wetter auch nichts, weil darin selbst die Scheibenwischer automatisch angehen. Nur wenn ich zu Hause ankomme, muss ich auf die Straße. Aber nur so lange, wie es dauert, um von der Grundstücksgrenze zur Haustür zu gehen. Wenn es dann regnet, denke ich immer: »Jetzt habe ich einen Tropfen abgekriegt.« Wenn es stark regnet, warte ich im Auto so lange, bis es nur noch schwach regnet. Was schlechtes Wetter für Menschen bedeuten kann, hatte ich bei dieser außerordentlich modernen Lebensführung verdrängt. Darum achtete ich nicht darauf, was sich an diesem Tag am Berliner Himmel zusammengeschoben hatte. Böse Wolken waren das. Regenwolken.

Als ich am Abend auf mein schönes, aber von Hundescheiße beflecktes Fahrrad stieg, war ich guter Dinge. Mein Rückweg über eine schöne, idyllische Fahrradroute würde den verunglückten Hinweg wiedergutmachen, und wenn ich zu Hause sein würde, hätte ich 26 Kilometer in den Beinen. 26 Kilometer mehr Muskeln an den Oberschenkeln und 26 Kilometer weniger Fett auf den Hüften. Ich fuhr los durch die Straßen von Kreuzberg und nahm Kurs auf die Zehlendorfer Heimat. Es würde, es musste jetzt besser werden als am Morgen.

Dann traf mich der erste Regentropfen. »Jetzt habe ich einen Tropfen abgekriegt«, dachte ich und trat fester in die Pedale. Dann ging der Platzregen los. Ich hatte am Morgen unter Berlins blauem und glücklich machendem Frühlingshimmel meine Jacke zu Hause gelassen. Das war keine gute Entscheidung gewesen, wie ich jetzt feststellte. Mir war aber schnell klar, dass auch eine Jacke mich jetzt nicht gerettet hätte. Nach 20 Sekunden war ich nass. Nach 60 Sekunden war ich klatschnass. Nach zwei Minuten war ich nass bis auf die Haut. Meine Kleider klebten an mir, und meine Haare hätten selbst dann nicht mehr im Wind geweht, wenn sie länger gewesen wären, denn aus ihnen rann pures Wasser. Und auch mein Routenplan verlor seine Form. Bevor er sich auflöste, steckte ich ihn schnell in meine Umhängetasche. Er kam mir plötzlich überlebenswichtig vor.

Aus meiner Autofahrervergangenheit wusste ich, dass Starkregen schnell nachlässt. Wenn ich in meinem Volvo darauf wartete, dass ich endlich aussteigen und über die Straße zur Haustür gehen konnte, stellte ich mir gern das Radio und die Sitzheizung an und genoss das wohlige Gefühl der Beschütztheit, während draußen die fremdartige Wetterhölle tobte. »Wie schön das ist«, dachte ich dann immer. Als ich mich jetzt dieser Wetterhölle so plötzlich ausgeliefert sah, war ich viel zu schockiert, um zu denken: »Wie scheiße das ist.« Ich wollte nur weg und versuchte, mit meinem Fahrrad zu entkommen, aber schnell wurde mir klar, wie bescheuert diese Aktion war: Das Wasser stürzte in meine Augen, die leider keinen automatischen Scheibenwischer haben, ich konnte kaum mehr etwas sehen und suchte, halb blind, eine Rettungsinsel.

Da sah ich ein Vordach aus einer Berliner Häuserwand hervorstehen und stellte mich unter. Unter diesem knapp einen Meter tiefen und drei Meter breiten Berliner Erker kehrten langsam mein Augenlicht und mein Bewusstsein zurück. Und mit dem Bewusstsein kam auch das Gefühl zurück. Und das Gefühl sagte mir ziemlich klar, dass die Temperatur gerade um mindestens 20 Grad runtergedreht worden war. Ich begann zu frieren, sehr zu frieren. »Auch das ist eine Erfahrung«, versuchte ich mir klarzumachen. Doch mein frisch wiedergekehrtes Bewusstsein sagte mir, dass mir mit dieser Art von Autosuggestion ganz sicher nicht warm werden würde, dass ich aber gerade dabei war, mir in dieser nassen Kälte ganz sicher etwas wegzuholen. Und dass noch etwa zehn Kilometer vor mir lagen.

Dies war der Moment, in dem ich anfangen wollte zu weinen. Ich weiß nicht mehr genau, ob ich wirklich weinte, ich halte es aber für möglich. Doch ich begriff, dass mich auch die Tränen nicht aufwärmen würden. Und dann ging der Starkregen über in einen Landregen und hörte kurz danach ganz auf. Plötzlich waren wieder Menschen auf der Straße zu sehen. Ich fragte den ersten, wo hier eine U-Bahn-Station sei, denn ich erinnerte mich jetzt daran, dass man ein Fahrrad mit in die Berliner U-Bahn nehmen kann. Der befragte Mensch kannte sich aus. Ich war in der Nähe des U-Bahnhofs Güntzelstraße gestrandet. Es war gar nicht weit bis dorthin. »Wie schön ist das doch alles in Berlin eingerichtet«, dachte ich mit einem Anflug von plötzlich aufkeimendem Optimismus. Ich erreichte den Bahnhof mit Müh und Not.

Dort unten war ich nicht allein. Es strömten viele Menschen hier herunter. Die meisten waren auch nass und froren auch. Ich war nicht einmal die Einzige, die wahnsinnig genug war, mit einem 28er-Fahrrad in die U-Bahn zu wollen. Und als diese U-Bahn dann kam und die nasse Horde sich mit oder ohne Fahrrad in sie hineindrängte und als auch ich die letzte Hemmung verlor und mein teures Schweizer Fahrrad in dem Menschenhaufen verkeilte, da gab es auch keinen Grund mehr für Anstand und Haltung. Anstands-, haltungs- und hemmungslos wärmte ich mich wechselseitig an den fremden Körpern auf. Nach drei Stationen waren wir alle wieder warm und nur noch dreiviertelnass. Leider mussten wir aber dann den schönen Saunawagen wieder verlassen, denn eine Lautsprecherdurchsage teilte uns mit, dass auf dieser Strecke heute Schienenersatzverkehr war.

Nein, ich regte mich nicht auf. Ich war an einem Grad der Verzweiflung angekommen, der an Gelassenheit grenzt. Es war ja klar, dass ich es heute richtig kriegen würde. Der Plan dahinter war offenbar, mir eine Prüfung aufzuerlegen. Ich würde also durchhalten müssen. Ich hatte keine Wahl.

Ich hielt durch. Ich schaffte den Schienenersatzverkehr, ich wechselte dreimal die U-Bahn. Im Wissen, dass man bei einer schweren Prüfung nicht einfach aufstehen und gehen kann, ging ich einfach einen Schritt nach dem anderen. Irgendwann würde mich die Summe dieser Schritte nach Hause bringen. Ich trug mein Fahrrad beim ersten U-Bahn-Wechsel erst die Treppen rauf, dann die Treppen runter zum nächsten Bahnsteig. Beim zweiten U-Bahn-Wechsel war ich schon so gelassen, dass ich merkte, dass es auf den Bahnsteigen gläserne Aufzüge gibt, in die sogar mehrere Fahrräder passen, und beim dritten U-Bahn-Wechsel musste ich gar nicht Treppen steigen, denn die Anschlussbahn fuhr vom gegenüberliegenden Bahnsteig ab. Da wusste ich, dass ich die Prüfung schaffen würde.

Als ich nach einer Stunde, die ich unter den Straßen von Berlin unterwegs war, in Dahlem-Dorf die U3 verließ, hatte sich die Welt verändert. Die Sonne schien, und der Temperaturregler war wieder hochgedreht worden. Meine Kleider waren an meinem Körper getrocknet, und ein Blick auf das Vorderrad meines Villiger stimmte mich endgültig wieder mild: Der Starkregen hatte die Hundescheiße abgewaschen. Ich stieg auf, um die letzten 500 Meter bis nach Hause fahrend zurückzulegen.

Als ich zu Hause ankam, hatte ich einen Nachhauseweg von etwa zwei Stunden in den Knochen und kaum noch die Kraft, meinem Freund von meiner Odyssee zu berichten. Ich sagte nur, dass ich heute mit dem Fahrrad in den Regen gekommen sei, und bat ihn, mich in Ruhe auf dem Sofa lümmeln zu lassen, anstatt reden zu wollen. Er stellte mir nur eine einzige Frage, nämlich warum ich das Fahrrad nicht stehen gelassen hätte und mit dem Taxi nach Hause gekommen sei.

Warum? Ja, warum eigentlich? Ich hatte keine Antwort, kam mir aber auf einmal sinnlos dumm vor und wusste, dass ich soeben, trotz allen Kampfs und trotz aller Mühe, doch durch die Prüfung gefallen war. Dann schlief ich ein.

Am anderen Morgen war ich nicht krank.

Die Sonne schien, und herrliche Vögel flogen durch die Luft und sangen ihre herrlichen Lieder. Und der Himmel war sehr, sehr blau. Mein Fahrrad blieb heute zu Hause. Es würde auch morgen zu Hause bleiben und auch übermorgen. Denn ich hatte über Nacht beschlossen, dass ich nie wieder mit dem Fahrrad von Zehlendorf nach Kreuzberg fahren würde. Mein Fahrrad war für Begleittouren zum Kindergarten und zur Schule gerade recht, aber nicht für hohe Bürgersteige, für Starkregen und für Hundescheiße. Das Fahrrad war mir einfach zu schade dafür. Und auch ich war mir für ökologische Abenteuer dieser Art zu schade. Der Abschied von meinem gestrigen guten Vorsatz war ganz schnell gegangen, fast nebenbei. Ohne einen Hauch von schlechtem Gewissen, kurz und schmerzlos. Und sehr erleichternd.

Ich stieg in meinen Volvo, und wir fuhren zusammen ins Büro. Unterwegs bekam er frischen Sprit. 80 Liter Diesel für 120 Euro. »Trink nur, mein Guter«, dachte ich und war mal wieder dankbar: dafür, dass ich ein Auto hatte mit Klimaanlage und automatischen Scheibenwischern und Sitzheizung. Ein Auto, das mich nie im Stich lassen würde.

KARTEILEICHE

Wie ich einem Fitnessstudio beitrat, schließlich aber zu der Einsicht gelangte, dass ich dort meine Zeit verschwende

Vor ungefähr zehn Jahren sah ich zum ersten Mal ein Bild von Madonna. Ich erinnere mich, dass sie auf dem Foto ein schwarzes Ledermieder trug, sehr eng und sehr provokant. Sie sah aus wie eine Mischung aus Motorradrocker und Marlene Dietrich. Ihre Haare waren ziemlich blond, und die Fingernägel waren ziemlich schwarz. Normalerweise hätte ich das Foto nicht weiter beachtet, aber ich befand mich mal wieder in einer Phase zunehmender Gereiztheit gegenüber meinem eigenen Körper. Darum waren alle meine Sinne programmiert auf die Wahrnehmung der eigenen körperlichen Mängel und auf das Erkennen fremder körperlicher Vorzüge.

An Madonna entdeckte ich einen solchen Vorzug. Es handelte sich weder um ihre Haare noch um ihre Fingernägel oder das Ledermieder. Es waren ihre Oberarme. Natürlich waren ihre Oberarme schlank – aber nicht nur. Sie hatten etwas, das ich noch nie zuvor an den Armen einer Frau gesehen hatte: eine Muskelkerbe. Und zwar nicht, wenn sie den Arm anspannte oder etwas Schweres hob, sondern einfach so. Auf besagtem Foto hing ihr Arm ganz locker an ihrem Körper herunter. Es war ein zarter, ein schmaler Oberarm. Und doch bildete er deutlich sichtbar, ungefähr in der Mitte, diese Muskelkerbe.

Ich schlug im Anatomielexikon meiner Schwester nach (denn damals gab es noch keine Wikipedia), und fand heraus, dass die Kerbe dort entsteht, wo der Bizeps und der Deltamuskel zusammenstoßen. Normalerweise sieht man diese Kerbe nur an den Oberarmen von Männern. Allerdings habe ich früh aufgehört, bei Männern auf Muskelkerben zu achten, weil mir bald unerfreuliche Korrelationen auffielen: Männer mit besonders tiefer Kerbe zwischen Deltamuskel und Bizeps haben meist auch besonders breite Hälse, was an ihren ausladenden Hals- und Nackenmuskeln liegt. Und die Köpfe, die von diesen Hälsen getragen werden, sind immer besonders klein. Vielleicht sind sie gar nicht wirklich klein, aber sie wirken so. Muskelmänner mit winzigen Schädeln fand und finde ich hässlich. Denn in diesen kleinen Köpfen vermisste ich immer, wenn sich ein Gespräch ergab, also an Tankstellen oder in Autowerkstätten, die nötige Gehirnmasse, die ein Gespräch zu etwas Unterhaltsamem macht. Recht bald stellte ich für mich fest, dass Männer mit tiefer Bizepskerbe, breiten Nackenmuskeln und Schrumpfkopf nicht meinem Beuteschema entsprachen.

Umso erstaunter war ich darüber, welche Wirkung Madonnas Bizeps-Delta-Kerbe bei mir hinterließ. Ich fand diesen Arm über alle Maßen schön, ästhetisch und nachahmenswert. Ich lief zum Spiegel, zog meinen Pullover aus und begutachtete meinen eigenen Oberarm.

Mein Oberarm war zu diesem Zeitpunkt weder fett noch schwabbelig. Allerdings war er ganz und gar glatt und frei von jeder Kerbung. Er sah aus wie eine lange, weiße Wurst, und man sah keinen einzigen Muskel. Ein typischer Frauenarm.

Als ich am nächsten Tag ins Büro kam, ging ich zu Tom, der ein großer Bildbearbeiter und außerdem ein großer Madonna-Kenner war. Ich zeigte ihm das Foto und fragte ihn erstens, ob die Kerbe auf Madonnas Oberarm von Madonna oder von Photoshop war, und zweitens, ob er wisse, wie Madonna das mache. Erstens, sagte Tom, sei die Kerbe echt. Zweitens, sagte er, komme Madonnas Kerbe von Madonnas Training. Tom sagte, Madonna trainiere täglich. Mehrere Stunden. Mit Geräten und Gewichten.

Sofort stand mein Entschluss fest. Ich wollte dieselbe Kerbe auch an meinem Oberarm, und wenn sie nur mit Geräten und Gewichten erreichbar war, dann würde ich eben mit Geräten und Gewichten trainieren. Ich schrieb mich im erstbesten Fitnessstudio ein.

Ich hatte schon mehrfach vorher mit dem Gedanken gespielt, in ein Fitnessstudio zu gehen, mich jedoch nie durchgerungen. In meiner Fantasie handelte es sich um schweißstinkende Anlagen voller Übergewichtiger und Unsportlicher, die hier nur herkamen, weil sie ein Alibi für ihr Übergewicht brauchten. Als Mitglieder eines Fitnessstudios könnten sie ihre Leibesfülle auf ihre Drüsen schieben und nicht auf ihre Antriebslosigkeit oder Verfressenheit. Jetzt aber beschloss ich, über die mich erwartenden vielen Superfetten hinwegzusehen und einfach mein Ding durchzuziehen – mit Geräten und Gewichten.

Was mich nicht überraschte, war, dass der Mann, der mir die Räumlichkeiten zeigte, einen besonders kleinen Kopf hatte. Überrascht war ich aber doch, denn ansonsten war es hier anders, als ich es mir vorgestellt hatte: Obwohl überall geschwitzt wurde, stank es nicht nach Schweiß, wahrscheinlich weil der Schweiß zu schnell floss, um zu stinken anfangen zu können. Ich sah außer einer Bundestagsabgeordneten der Grünen keinen einzigen Übergewichtigen. Nach dem Mann, der mich geführt hatte, sah ich noch jede Menge kleinköpfiger Männer, die auch nicht in mein Beuteschema passten. Sie saßen an Geräten und stemmten unvorstellbare Mengen von Gewichten. Ihre Augen wurden dabei rot und schmal vor Anstrengung, und ihre Adern traten hervor und lagen wie blaue Würste auf dem Bizeps und dem Deltamuskel. Die Adern erinnerten mich an Metzgerabfall und Nacktschnecken. Ich wandte mich ab, um nicht vorschnell die Motivation zu verlieren.

Allerdings hatte ich ziemlich schnell ein weiteres neues Feindbild identifiziert: superschlanke Frauen mit atmungsaktiven Trainingsanzügen, die in jeder Lebenslage, auf dem Fitnessfahrrad, dem Stepper oder an den Stemmgeräten »Gala« oder »Cosmopolitan« oder Hera Lind lasen und nie schwitzten. Anders als die Männer mit den kleinen Köpfen hatten sie sich nur Fliegengewichte aufgelegt, wenn sie an den Geräten saßen und in »Gala«, »Cosmopolitan« oder Hera Lind blätterten. Der Sport strengte sie offenbar nicht sehr an, jedenfalls nicht genug, um zu schwitzen, und auch nicht genug, um es zu einer Kerbe im Oberarm zu bringen.

Ich fragte mich, was Frauen wie diese, für die ich sogleich jede Menge Schimpfworte ersann, hier wollten, wo doch nun auch Frauen wie ich, gegen die ich nichts einzuwenden hatte, hier trainieren wollten. Weil ich mir denken konnte, dass ich meinen Eintritt hier nicht an die Bedingung koppeln konnte, den beschimpfenswerten Damen zu kündigen, beschloss ich, künftig an ihnen vorbeizuschauen, sie aber bei jeder sich bietenden Gelegenheit meine Verachtung spüren zu lassen. Mit Blicken, versteht sich.

Wirklich interessant fand ich nur die Ecke mit den Gewichten. Sie machte einen gut sortierten Eindruck. Die Gewichte glänzten frisch poliert und wirkten kostbar und schwer, fast wie Goldbarren. Diese edlen, schweren Dinger wurden in robusten und ebenso säuberlich polierten Ständern aufbewahrt. Und neben den Ständern sah ich, in langen Reihen, Holzbänke stehen, stabil genug, um ganz viel trainierende Muskelmasse tragen zu können. Vor den Bänken sah ich Spiegel, ungefähr so groß wie im Probenraum von Pina Bausch.

Und auf den Bänken vor den Spiegeln saßen mehrere Männer mit besonders kleinen Köpfen und stemmten Kilos. Diese Tätigkeit strengte sie zwar bis zur Schlitzäugigkeit an. Aber so anstrengend war die Arbeit offenbar doch nicht. Denn während sie ihre Muskeln traktierten, bis sie zitterten und die Lungen nicht mehr atmen, sondern nur noch fauchen konnten, brachte ihr Hirn noch genug Aufmerksamkeit und Konzentration zustande, um mit einer winzigen Faser ihrer winzigen Köpfe den blauen Metzgerabfall zu betrachten, der sich auf ihren Bizepsen abzeichnete. Denn hierzu, zum narzisstischen Beglotzen der Muskelwülste, waren die Pina-Bausch-Spiegel da.

Nichts hätte mich jetzt aber noch von meinem Entschluss abhalten können. Ich zahlte die Aufnahmegebühr und richtete für die Monatsgebühren einen Dauerauftrag ein. Dreimal pro Woche, lautete mein Beschluss, wollte ich hierherkommen.

Als ich das erste Mal zum Training kam, zog ich mein ältestes T-Shirt an, das auf dem T-Shirt-Stapel ganz unten gelegen hatte. Dazu passend wählte ich eine verwaschene Baumwollhose, die ich eigentlich trage, wenn ich zu Hause den Rasen mähe. Ich muss nicht erwähnen, dass diese Kleiderwahl auch etwas mit Protest zu tun hatte. Mein Protest richtete sich an die Adressen meiner neuen weiblichen Klub-Kameradinnen. Ich wollte ihnen etwas beweisen. Dass sie dumm sind, dass sie oberflächlich sind, dass sie hohl sind und einige von ihnen obendrein noch blond. Warum ich für diese

Demonstration verwaschene und ausgeleierte Baumwollkonfektion brauchte, kommt mir heute nicht mehr so sonderlich logisch und nachvollziehbar vor, aber ich weiß noch ganz genau, dass ich damals diesen Gedanken hegte.

Ich begann mein Training in den kommenden Monaten immer mit den laschen Geräten: Stepper, Fahrrad und Laufband. Doch schnell begriff ich, dass man die Langeweile und die Monotonie hier nur ertragen konnte, wenn man beim Trampeln, Treten oder Laufen gleichzeitig ein Buch oder eine Zeitschrift las. Beim nächsten Besuch nahm ich das Buch von John Irving mit, das ich gerade begonnen hatte.

Doch so lasch waren die Geräte nun auch wieder nicht, dass ich nebenbei zu intellektuellen Leistungen fähig gewesen wäre. Die Zeilen verwackelten, die Buchstaben gerieten durcheinander, und ich verstand nicht, was ich las. Irgendwann kaufte ich mir dann vor dem Training die »Bunte«. Das war genau der Stoff, den ich nebenbei verarbeiten konnte, und die Buchstaben waren zu groß, um zu verwackeln. Und »Bunte«, tröstete ich mich, ist immerhin nicht »Gala«, wenngleich ich irgendwann feststellen musste, dass die Buchstabengröße von »Gala« sich noch besser fürs Laufband eignete.

Wenn ich mich hier warm gemacht und ein bisschen geschwitzt hatte, begann ich mein eigentliches Training: Gewichtestemmen. An den Hanteln war ich immer die einzige Frau. Die Männer mit den kleinen Köpfen erwiesen sich als diskreter, als ich es ihnen zugetraut hatte. Anfangs war ich ziemlich sicher, dass es nicht nur eine Korrelation zwischen Bizepsumfang und Intelligenz, sondern auch zwischen Bizepsumfang und Diskretion geben würde. Doch es passierte nicht ein einziges Mal, dass die Muskelpakete sich im Ton vergriffen. Sie ignorierten mich einfach. Das war mir nun auch wieder nicht recht.

Nach ein paar Wochen zeigten sich an meinen Armen erste Ergebnisse. Ich habe es gar nicht gleich bemerkt. Denn ich zog ja zum Training immer das alte Schlabber-T-Shirt an. Die Ärmel waren viel zu lang und zu weit, um den Arm darunter sehen zu können. Und mich vor den Pina-Bausch-Spiegel zu stellen, das T-Shirt hochzuschieben und vor den Augen meiner Schrumpfköpfe nachzusehen, was sich an meiner privaten Bizepsfront getan hatte, war mir natürlich auch nicht sonderlich angenehm.

Irgendwann fiel mir dann aber vor meinem häuslichen Spiegel auf, dass meine Arme schon recht gut in Form gekommen waren. Eine Kerbe gab es noch nicht, schon gar nicht beim Lockerrunterhängenlassen. Aber wenn ich mit einem beladenen Tablett am Wohnzimmerspiegel oder mit den Einkaufstüten am Spiegel der Flurgarderobe vorbeiging, dann merkte ich den Unterschied zu früher. Der Anblick meiner Oberarme fing an, mir zu gefallen. Und je mehr sie mir gefielen, desto mehr ärgerte ich mich darüber, dass ich sie beim Training nicht sehen konnte – wegen des schlabberigen T-Shirts.

Wenn es so leicht war, über den eigenen Anblick

in Entzückung zu geraten, wollte ich den Blick auf das Glück nicht länger hinter zu großen T-Shirts verbergen. Ich kaufte mir zwei hautenge Trainings-Shirts von Adidas, die genau die Armkeule frei ließen. Und weil ich schon mal im Sportkaufhaus war, nahm ich gleich zwei passende Trainingshosen dazu.

Fortan schaute ich beim Training meinem eigenen Muskelspiel mit zunehmender Begeisterung zu. In genau dem Pina-Bausch-Spiegel, den ich vor ein paar Wochen noch geschmacklos gefunden hatte. Jedes Mal, wenn ich den Arm mit dem glänzenden Zehn-Kilo-Gewicht beugte, traten kleine blaue Adern hervor. Auf meinem eigenen Oberarm fand ich diese wurmlangen, krummen Schwellungen plötzlich gar nicht mehr so schlimm. Im Gegenteil. Das sah doch eigentlich sehr kraftvoll und kühn aus.

Und mit dem Blick auf mich selbst änderte sich auch der Blick auf meine männlichen Sportsfreunde. Ich bewunderte sie für ihre Fähigkeit, doppelt so schwere Hanteln zu stemmen wie ich und fand es plötzlich anerkennenswürdig und gar nicht mehr ekelerregend, dass die blauen Adern auf ihren Muskeln doppelt so dick waren wie meine. Seit ich mein Schlabbershirt und meine Baumwollhosen gegen die atmungsaktive Adidaskombination eingetauscht hatte, kam es mir auch so vor, als würden die Männer mit den großen Muskeln nicht mehr durch mich hindurchschauen. Hin und wieder lächelten sie mir mit angestrengten Schlitzaugen entgegen. Ich begann, mich hier wohlzufühlen.

Und eines Tages traf ich im Fitnessstudio Hartmut, meinen Kollegen aus der Politikredaktion. Ich hatte immer gefunden, dass Hartmut dafür, dass er studiert hatte und eloquent war, einen zu kleinen Kopf hatte. Als ich sah, wie er erst seine Nacken- und dann seine Armmuskeln mit für mich unhebbaren Gewichten traktierte, wusste ich, warum sein Kopf so klein war. Fortan trainierten wir so oft wie möglich zusammen, denn Hartmut war ein erfahrener Muskelmann. Wir waren plötzlich Seelenverwandte.

Von Hartmut bekam ich den Tipp, nicht viele Armbeugen mit wenig Gewicht zu machen, sondern wenige Armbeugen mit viel Gewicht. Er hatte beim Gewichtestemmen ein Motto: »Du musst halden, bisses brrrennnd.« Dabei rollte er das R, denn er stammte aus Franken. Hartmut und ich verbrachten viele schöne Stunden im Fitnessstudio. Wenn es in den Muskeln brannte, lachten wir vor Vergnügen. Und auch im Büro waren unsere Erlebnisse an den Gewichten ein nie versiegender Born der Unterhaltung. Wir verglichen unsere Bizepse und unsere Sixpacks. Was er mir an Oberarmkerbe voraushatte, machte ich mit Bauchmuskeln wett. Denn Hartmuts Problem war, dass er gern aß. Ich hatte dieses Problem damals noch im Griff, darum waren die fragilen, schnell unsichtbaren Muskeln auf meinem Bauch besser zu sehen als seine.

Hartmut war nicht fett, aber er wusste sehr genau: »Die ganzen Bauchmusgeln sind under der Schwarrrde verschdeckt.« Er tat für einen Mann ziemlich viel, um die Schwarte loszuwerden. Ich half ihm mit all meiner Erfahrung dabei, sich schlanker zu hungern. Er machte Diät »bisses brrrennnd«, denn Hartmut tendierte zu Extremen.

»Zeig mir noch mal deinen Sixpack«, sagte er mitunter mit der größten vorstellbaren Harmlosigkeit im Großraumbüro zu mir. Und wenn nicht zu viele unserer ahnungslosen Kollegen dabei waren, kam ich seiner Aufforderung gern nach, zumal ich, seit ich dreimal wöchentlich trainierte, auch im Büro gern körperbetonte Oberteile mit reichlich Hautsichtfläche, vor allem an den Armen, trug. »Zeig mir noch mal deinen Bizeps«, bat ich dann, und er zeigte ihn mir, und ich durfte immer auch fühlen, wie hart er war.

Dann passierte etwas Schreckliches: Hartmut verliebte sich in die Redaktionssekretärin und traute sich plötzlich nicht mehr, meinen Sixpack sehen zu wollen. Er trat in das Fitnessstudio seiner neuen Freundin ein, und ich war wieder auf mich allein gestellt.

Ich blieb noch viele Jahre Mitglied in diesem Studio, auch nachdem Hartmut erst die Redaktion und später sogar die Stadt verlassen hatte. Ungefähr ein Jahr lang hielt ich es durch, dreimal pro Woche hierherzukommen. Mein Bizeps wollte aber einfach nicht die gewünschte Madonna-Kerbe zeigen. Eines Tages verriet mir einer meiner kleinköpfigen Jungs, dass es nie was werden würde »ohne Vitamine«. »Ich ernähre mich gesund genug. Ich brauch keine Vitamintabletten«, sagte ich, doch da fing der an zu lachen und zeigte mir eine

Plastikdose. »Solche Vitamine musst du nehmen, sonst kommst du niemals weiter«, sagte er. Und die anderen Jungs lachten mit ihm.

Ich hätte es vielleicht mal ausprobiert, denn Neues hat auf mich immer seinen Reiz ausgeübt. Doch dann stellte ich mir die systemische Wirkung solcher Anabolika vor. Ich wollte aber keinen Stiernacken bekommen und auch keinen Schrumpfkopf. Einen Oberlippenbart wollte ich auch nicht sondern eines Tages, süße kleine Kinder, möglichst viele, schöne, schlanke, kluge, sportliche und blonde Kinderlein.

Doch die Botschaft hatte ich verstanden. Sie lautete: Alles zwecklos. Und so ergab es sich, dass ich Jahr für Jahr seltener ins Fitnessstudio ging. Irgendwann hat mir dann Tom auch noch die letzten Illusionen geraubt. Er erzählte mir, er habe herausbekommen, dass Madonnas Oberarmkerbe vermutlich nicht nur das Ergebnis von Training war, sondern dass Bodypainting im Spiel sei. Die Frau mit der anbetungswürdigen Kerbe zwischen Bizeps- und Deltamuskel hatte sich also nur geschminkt. Da verlor ich dann die letzte Lust.

Nicht jede Geschichte hat ein pointiertes Ende. Manche Geschichten plätschern auch einfach so aus, unheroisch und eigentlich langweilig. Diese Geschichte ist so eine.

Ich blieb also noch viele Jahre Mitglied des Fitnessstudios. Und ich trat nur deswegen nicht aus, weil ich mir immer und immer wieder einredete, nur in einem Motivationsloch zu hängen. Dann wurde ich das erste

Mal schwanger und hatte die beste aller Ausreden, den Klub zu meiden. Nach der Geburt meiner ersten Tochter schaffte ich es ein letztes Mal, mich zum Training zu überwinden. Vor allem aber ging ich hin, weil ich die Sauna mochte. Ich schwitzte neuerdings lieber hier als an den Gewichten und Geräten.

Dann wurde ich das zweite Mal schwanger und beschloss, mein Abo zu kündigen. Doch ich brachte es längere Zeit nicht fertig, vermutlich weil meine Kinder die Struktur in meinem Leben zerstört hatten. Monat für Monat fragte ich mich beim Blick auf meine Kontoauszüge, warum ich mein schönes Geld zum Fenster rausschmiss. Ich betrachtete die Abbuchungen als eine Art Ablass für mein sündhaftes Fernbleiben vom Körperdienst.

Nach meinem zweiten Kind blieb ich noch ungefähr drei Jahre Mitglied, ohne ein einziges Mal zum Training zu erscheinen. Ich war eine Karteileiche geworden, eine, die viel Geld für nichts bezahlte. Außer vielleicht für mein schlechtes Gewissen.

Vor wenigen Jahren machte in Berlin ein Fitnessstudio der Extraklasse auf. Mit Schwimmbad und Saunalandschaft und allem Pipapo. Und besonders teuer. Ich trat ein. Seit zwei Jahren bin ich nun dort Mitglied. Vielleicht war ich seither zehnmal dort. Aber irgendwann werde ich kündigen.

DIE JOGGINGSCHUHE

Wie ich nach jahrelanger Kinderpause wieder mit dem Joggen beginnen wollte, aber irgendwann merkte, dass ich nicht mehr die Jüngste war

1. VOM DAUERLAUF ZUM JOGGING

Ungefähr bis zu meinem 20. Lebensjahr konnte man Sport unumwunden als etwas bezeichnen, das einen nicht interessierte. Leute, in deren Gesellschaft ich mich als Fast-Erwachsene wohlfühlte, machten keinen Sport. Wir waren der Typ Leute, die Partys gaben, auf denen nicht getanzt, sondern (zur Musik von Bob Dylan oder Neil Young, Deep Purple oder Barclay James Harvest) nur diskutiert wurde. Auf solchen Partys wurde endlos geredet und getrunken und geraucht. Es wurde auch viel geknutscht, denn Leute wie wir brauchten dazu keine Heimlichkeit. Heimlichkeit war spießig, und Spießigkeit fanden wir im allwissenden Alter von unter 20 unerträglich und bekämpfenswürdig.

Vieles war spießig. Auch Sportler waren spießig. Sport zu treiben außerhalb des Sportunterrichts war für die Menschen, mit denen ich mich als Pubertierende identifizierte, unvorstellbar flach und albern. Sport war etwas für Leute, die von den wahren Problemen der Welt nichts verstanden. Sportler waren peinliche Menschen, darum wurden sie zu dieser Art von Party nicht eingeladen. Wahrscheinlich wären sie aber auch nicht gekommen. Dass ich selbst einem Schwimmverein angehörte, hängte ich in dieser subversiven Runde nicht an die große Glocke.

Dauerlauf war von allen Sportarten die schlimmste. Wir kannten diese Disziplin nur als Schulsportart. Jungs mussten in der Oberstufe 3000 Meter laufen, Mädchen 2000 Meter. Diese Entfernungen galten als mörderische Distanzen. Nur echte Sportler waren in der Lage, solche Strecken rennend zurückzulegen, ohne dabei in die Nähe eines Kreislaufkollapses zu kommen. Obwohl ich im Sportunterricht ganz gut war und obwohl ich viele Sportarten wie Geräteturnen, Hundertmeterlauf und Handball heimlich liebte, hasste ich Dauerlauf.

Alle Jungs aus den höheren Klassen, die ich verehrte, hatten in Dauerlauf höchstens eine Vier. Und daran war für diese coolen und über alles erhabenen und von mir verehrten Jungs rein gar nichts Ehrenrühriges. Sie hatten ja durchschaut, dass diese Disziplin nur im Lehrplan stand, um intellektuelle Jungrebellen zu demütigen. Der Widerstand dagegen war also etwas fast Zwingendes. Langstreckenläufer zu sein war das Bescheuertste, das Kauzigste, das Masochistischste, was sich die Jungs, die ich verehrte, vorstellen konnten.

Irgendwann änderte sich das. Man bekam es gar nicht gleich mit, denn die neue Mode hieß nicht Dauerlauf, sondern Jogging. Ich brauchte ungefähr ein Jahr, ehe ich merkte, dass das Jogging, von dem plötzlich in amerikanischen Fernsehserien die Rede war, und das Jogging, zu dem Menschen sich pastellfarbene Trainingsanzüge anzogen, mit Schweißband an Stirn und Handgelenk, und das Jogging, von dem plötzlich auch die alten Steh- und Knutschpartyfreunde sprachen, dass dieses Jogging nichts anderes war als Dauerlauf.

Da ich selbst immer eher ein bockiger Typ war, eine von denen, die sich etwas darauf einbilden, nicht jeden Trend mitzumachen, weigerte ich mich relativ lange, mich dieser Modejoggerei zu unterwerfen. Ich fand es charakterlos und lächerlich zugleich, dass die alten Freunde plötzlich zu Nichtrauchern geworden waren, dass sie auf Partys tanzten und nach Feierabend in ihre 200-D-Mark-Joggingschuhe stiegen, anstatt sich ernsthaften Tätigkeiten zuzuwenden, also den spannenden Diskussionen zum Erkennen und Erretten der Welt, der Lektüre schwieriger Autoren mit anschließender Diskussion und, zur abendlichen Erbauung, dem gelegentlichen Besuch unverständlicher Filme in Off-Kinos, die man dann bis zum Schlafengehen hin und her interpretieren musste, um sie zu verstehen.

Doch die Einschläge kamen bald immer näher.

Irgendwann, da war ich schon Mitte 20, kam mich meine Freundin Imke in Heidelberg besuchen, wo ich studierte. Ich muss ehrlich sagen, dass ich Imke schon immer im Verdacht hatte, eine heimliche Sportlerin zu sein. Sie hatte so was Kraftvolles, so was Muskulös-Kompaktes. Wir hatten uns mit Anfang 20 kennengelernt, in einem Café in Rostock, in dem sich die Jugend traf, um die Welt zu besprechen und zu verändern, während sie sich eine Zigarette an der anderen ansteckte und dazu Cuba libre oder Rotwein trank. Imke war eines Abends auch plötzlich mit von der Partie, und wir mochten uns wahrscheinlich einfach deswegen, weil wir die gleichen Feindbilder und den gleichen Liebeskummer hatten. Aber sie war mir doch von Anfang an verdächtig, weil sie nie Cuba libre und nie Rotwein und überhaupt nie Alkohol trank. Sie trank immer nur Wasser. Wenn sie sich etwas Gutes tun wollte, bestellte sie ihr Wasser mit einer Zitronenscheibe. Natürlich rauchte Imke auch nicht.

Als mich Imke also fünf Jahre später in Heidelberg besuchte, erklärte sie eines Nachmittags, dass sie jetzt mal eine Runde laufen gehen werde. Sie hatte Joggingschuhe dabei, für die sie 200 D-Mark bezahlt hatte. Sie scherte sich nicht um meine abfälligen Kommentare, sondern verschwand einfach und war nach einer Stunde zurück, in Schweiß gebadet und, wie sie mir versicherte, ganz entspannt und richtig gut drauf. Ich fragte sie, wie weit sie denn gerade gerannt sei. Und sie sagte: »Ungefähr zehn Kilometer.«

Ich war bestürzt. Wie konnte ein Mensch, ohne dass ein sadistischer Sportlehrer mit der Stoppuhr am

Ziel wartete, freiwillig so lange und so weit rennen? Sie erklärte mir, dass ihr das Laufen einfach Spaß mache. Und schließlich gestand sie, dass sie in Hamburg, wo sie studierte, täglich um die Alster laufe. »Ich brauche das«, sagte sie. Sie meinte es offensichtlich ernst.

Ich hatte immer eine hohe Meinung von Imke. Deswegen wurde ich nicht nur nicht böse über so viel Zeitverschwendung und Oberflächlichkeit, sondern vor allem nachdenklich. Es war womöglich etwas dran an der Joggerei. Es war womöglich gesund. Es war womöglich etwas, das man tun konnte, ohne sogleich zu verblöden. Doch von der Versuchung, es Imke und den anderen inzwischen joggenden Freunden nachzumachen, war ich in Heidelberg noch weit entfernt.

Irgendwann zog ich von Heidelberg weg nach Berlin in ein Haus mit Aufzug. Meine Wohnung lag im vierten Stock. Was aufgrund des Aufzugs völlig in Ordnung war. Aber eines Tages ging der Aufzug kaputt, und es dauerte mehrere Wochen, ehe die Hausverwaltung den Schaden reparieren ließ. Wenn ich in diesen Tagen nach der Arbeit nach Hause kam und mich die vielen Treppen bis nach oben gequält hatte, brauchte ich immer mehrere Minuten, um wieder zur Besinnung zu kommen. Mein Herz raste, und meine Beine zitterten.

Ich näherte mich altersmäßig schon der 30, was ja für die meisten Endzwanziger eine unschöne Zahl ist, eine Zahl, welche die innere Bereitschaft erzeugt, über das eigene Leben, über den Sinn desselben, vor allem aber über dessen Endlichkeit nachzudenken. Ich empfand am Vorabend der Zahl 30, dass ich alles tun müsse, um noch recht lange recht gesund auf dieser doch eigentlich so schönen Erde bleiben zu dürfen.

Gesundheit war mir früher immer egal. Man war ja sowieso gesund. Dann aber machte ich Bekanntschaft mit meinem Rücken, der plötzlich wehtat. Einfach so beim Rumsitzen im Büro. Der Rücken wurde irgendwann so lästig, dass ich zum Arzt ging, um mir schnelle Linderung zu verschaffen, denn damals glaubte ich noch, dass man nur zum Arzt gehen muss, wenn man krank ist und wieder gesund werden will. Der Arzt schaute sich meinen Rücken an und sagte nur zwei Sätze: »Sie haben keine Muskeln. Darum tut der Rücken weh.« Anstatt mir ein alle Rückenschmerzen sofort beseitigendes Medikament zu verschreiben, empfahl er mir Sport. »Sie sollten joggen«, sagte er.

Ich konnte ihm dann zwar noch ein Rezept für zehn Massagen abschwatzen, doch er sagte mit einer Gelassenheit, die mich schon etwas irritierte: »Das bringt sowieso nichts, ohne Muskeln.« Obwohl ich seine Empfehlung, joggen zu gehen, nicht befolgte, vergaß ich sie nicht. Die Rückenschmerzen in Verbindung mit dem näher rückenden 30. Geburtstag hatten aber zu einer Art Persönlichkeitsveränderung geführt. Plötzlich fand ich, dass Gesundheit etwas ist, das man anstreben und sogar erarbeiten kann. Ich wollte plötzlich gesund leben und lange fit bleiben.

Kurz nachdem ich diesen theoretischen Beschluss gefasst hatte, kam mal wieder Imke zu Besuch. Sie hatte

für ihren ziemlich kurzen Aufenthalt eine ziemlich große Tasche dabei. Obwohl ich ahnte, was diese Tasche
so aufblähte, fragte ich nach dem Inhalt. Es war ihr
Jogging-Equipment. Oberteile, Unterteile und Schuhe
für drei Tage. Sie hatte auch einen Spezialgürtel mit
Platz für vier Spezialflaschen dabei. In diese Flaschen,
sagte sie mir, würde sie natürlich kein einfaches Wasser füllen, sondern isotonische Spezialgetränke, um den
Verlust an lebenswichtigen Mineralien und Vitaminen
auszugleichen. Mit anderen Worten: Imke wusste, was
sie ihrem fast 30-jährigen Körper zu geben hatte. Und
darum hatte sie auch keine Angst vor dem Alter, dem
Tod und vor Rückenschmerzen.

Ich aber hatte plötzlich das sichere Gefühl, dass
Imke den Heiligen Gral des ewigen Lebens gefunden
hatte. Ich bat sie ohne Angst, mich zu blamieren, mir
einen Einführungskurs zu geben. Weil Imke immer
schon ein lieber Kerl war, weil sie gerade nicht eine von
denen war, die »Siehste!« schreien, wenn die Zeit ihnen
recht gibt, und vielleicht auch, weil sie hoffte, ihrer Jog-
gingpflicht hier in Berlin nicht mehr allein nachgehen
zu müssen, willigte sie ein.

Wir begannen mit der Theorie. Ich hatte größte
Bedenken. Wegen des Risikos eines Kreislaufkollapses, wegen schmerzhafter Schulsporterfahrungen mit
entsetzlichen Seitenstichen, wegen des Volumens meiner Lunge, die ja nicht einmal in der Lage war, meinen
Körper vier Etagen bis hinauf zu meiner Wohnung,
ausreichend zu beatmen, und wegen komplett unter-

muskulierter Oberschenkel, die immer schon nach vier Treppen tatterig waren.

Imke zerschlug mit der Geduld der Wissenden und mit der Kraft der Erfahrenen alle meine Sorgen. Sie hatte Dutzende Tipps auf Lager. Sie sagte mir, dass ich vor dem Laufen nichts essen dürfe. Sie schärfte mir ein, dass ich immer langsamer laufen müsse, als ich es mir zutraute. Sie erklärte mir, wie man richtig atmet: nämlich als Anfänger zwei Schritte ein, zwei Schritte aus, als Fortgeschrittener drei Schritte ein, drei Schritte aus und als Profi zwei Schritte ein, vier Schritte aus. Wer länger aus- als einatme, der könne es richtig.

Schließlich berichtete sie von einem Glücksgefühl, das sich einstellen würde, wenn ich es schaffte, länger als eine halbe Stunde zu laufen. Dieses Glücksgefühl, erzählte sie mir mit der schwärmerischen Stimme eines Junkies, sei das Schönste, was man sich vorstellen könne, schöner als ein Häagen-Dazs, schöner als ein original nach Rezept gekochtes Menü von Bocuse, schöner als ein Orgasmus. Das sagte sie wirklich.

Ich hatte die spontane Eingebung, dass dieses Glücksgefühl, gepaart mit lebenswichtigen Vitaminen und Mineralien, das war, wonach ich in meiner Angst vor der Endlichkeit des Lebens gesucht hatte. Laufen, dachte ich, würde mich möglicherweise nicht nur von meinen Rückenschmerzen befreien, sondern mich auch ein bisschen unverwundbarer machen gegen alle weiteren Bedrohungen des mir bevorstehenden Altwerdens. Imke lieh mir ihre Ersatzjoggingschuhe, und wir machten uns auf den Weg.

Jeder, der mit fast 30 zum ersten Mal seit der Schule versucht hat dauerzulaufen, weiß, wie sich das erste Mal anfühlt. Natürlich war ich von einer halben Stunde weit entfernt. Ich erinnere mich, dass ich trotz langsamsten Tempos, trotz leeren Magens und trotz rücksichtsvollster Laufpartnerin nach zehn Minuten das Gefühl hatte, dem Tod entgegen- und nicht wegzulaufen. Ich brauchte, als wir von der ersten gemeinsamen Joggingtour zurückkamen, eine halbe Stunde, ehe ich wieder wusste, wie ich heiße. Von irgendeinem Glücksgefühl fühlte ich mich weiter entfernt denn je.

Und doch, es steckte so eine gewisse Zufriedenheit in der Art des Fix-und-fertig-Seins. Das genügte mir zu einem Vorsatz: Ich werde von heute an auch eine Joggerin werden. Und so wurde ich Joggerin.

2. JOGGEN, BIS DER ARZT KOMMT

Ich weiß nicht, warum ich immer Gefallen an Extremen fand. Aber als ich mir erst einmal klargemacht hatte, dass Jogging nicht nur etwas für dümmliche Sportsfreunde war, da war es auch nicht mehr weit zu der wilden Überzeugung, dass Jogging eigentlich etwas extrem Intellektuelles ist. Genau die Form von Freizeitgestaltung, die Innerlichkeit und Äußerlichkeit, Kontemplation und Meditation, Körperbeherrschung und Geistesbeherrschung zugleich ermöglichte.

Bevor ich mich in mein zukünftiges Hobby stürzte, kaufte ich für insgesamt 500 D-Mark Ausrüstung: Schuhe von Diadora für 200 D-Mark, Shirts und Hosen von Adidas für zusammen 250 D-Mark, einen Pulsmesser von Runner's World für 40 D-Mark und natürlich einen Getränkegürtel. Den bekam ich zu meiner großen Freude bei Lidl für nur 10 D-Mark. Dann fing ich an. Meine ersten Routen durch Berlin waren übersichtlich. Sie begannen vor meiner Haustür in der Bismarckstraße, führten durch die Fußgängerzone der Wilmersdorfer Straße bis zur Kantstraße und von dort durch die Krumme Straße wieder zurück zur Bismarckstraße. Wenn ich mich an meine aktive Joggerzeit zurückerinnere, in der ich es fast bis zum Halbmarathon brachte, dann finde ich rückblickend, dass die geschätzten 800 Meter der ersten Wochen die alleralleranstrengendste Distanz darstellten.

Ich zwang mich mit der Kraft der Prinzipienreiter, jeden Morgen mit dieser Leibesübung zu beginnen. Ich sprang nach dem Aufstehen nicht unter die Dusche, sondern in die 200-D-Mark-Schuhe von Diadora und in die Adidas-Funktionskleidung. Wenn ich zurückkam, flogen die Sportsachen in die Waschmaschine, denn ich hatte nur zwei Wechseloutfits und durfte nie vergessen, sie zu waschen, wenn ich nicht anderntags mit Sachen loslaufen wollte, die deutlich mehr und deutlich unappetitlichere weiße Streifen hatten als die drei obligatorischen Streifen von Adidas. Erst ganz am Schluss dieses Morgenprogramms kam die Dusche. Eine halbe Stunde früher aufstehen war also nötig.

Viele Wochen lang hatte ich das Gefühl, dass ich einen hoffnungslosen Kampf kämpfte. Die von Imke in Aussicht gestellte und von mir heiß ersehnte Gewöhnung wollte sich nicht einstellen. Hätte ich nicht gerade und vermutlich wohl ahnend, wie schwer es werden würde, die unvernünftige Investition in mein Läufer-Equipment getätigt, ich hätte wohl unter irgendeinem schnell erfundenen Vorwand wieder mit der Joggerei aufgehört. Doch sparsame Menschen wie ich schmeißen nicht einfach so 500 D-Mark aus dem Fenster. Und wenn ich auch von so etwas wie einem Glücksgefühl noch Lichtjahre entfernt war, so hielt mich doch meine mecklenburgische Sparsamkeit bei der Stange.

Es kam der Tag – und in meiner Erinnerung vergingen bis dahin unendlich viele Tage –, an dem mir plötzlich nach meiner Morgenrunde nicht mehr nach einer Herz-Lungen-Transplantation zumute war. Tatsächlich hatte ich nur ungefähr vier Wochen lang allmorgendlich unter diesen 800 Metern gelitten. Doch dann wurde plötzlich alles viel leichter.

Es ging mir von da an so, wie es den vielen Ex-Aussteigern, Ex-Weltverbesserern und Ex-Widerständlern gegangen war, die schon vor mir den heiligen Jogging-Gral gefunden hatten. Und es ging uns allen wahrscheinlich ungefähr genauso, wie es den verachtenswert-sportlichen Dauerläufern gegangen war, die in unserer

Jugend nie zu einer dieser Stehpartys ohne Tanz eingeladen worden waren.

Innerhalb kurzer Zeit war ich zur Hardcore-Dauerläuferin geworden. Ich benahm mich wie eine Konvertitin, die alles, was sie vor Kurzem noch abgelehnt hatte, nun mit besonderer Inbrunst tat: Ich war besessen von der Dauerlauferei. Ich glaubte, einen Tag nicht richtig begonnen zu haben, wenn ich nicht morgens meine Runde gedreht hatte, glaubte, erst dann das Recht auf eine Dusche oder ein Frühstück erwirkt zu haben, wenn ich vorher schwitzend durch Charlottenburg gerannt war, glaubte, dass alle, die nicht in die geistigen Tiefen des Laufens hinab- und zu den physischen Höhen des Laufens hinaufkommen wollten, den wahren Sinn des Seins nicht verstanden hatten. Und tatsächlich waren bald, ohne dass ich es richtig bemerkte, auch meine Rückenschmerzen verschwunden.

Etwa zeitgleich mit meiner Wandlung zur Läuferin trug es sich zu (so glaube ich, mich zu erinnern), dass sich auch die Partykultur plötzlich änderte. Es kann natürlich auch sein, dass ich es nur wegen meiner (joggingbedingt) komplett neuen Wahrnehmung der Welt als Veränderung empfunden habe. Es könnte sogar sein, dass es diese freudvollere, positivere, lebensbejahende menschliche Daseinform immer schon gegeben hat, nur dass Leute wie ich zu den Partys dieser fröhlichen Menschen nicht eingeladen waren.

Ich kann mich deutlich daran erinnern, dass ich ganz neuen Arten von Gesprächspartnern aufgeschlossen gegenübertrat. Ich sprach plötzlich immerzu und ohne mich zu langweilen mit Erfolgstypen und Anzugträgern. Ich führte mit Rechtsanwälten und Anlageberatern, die ich nie zuvor gesehen hatte, stundenlange Gespräche über Laufrouten, Lauferlebnisse, Laufschuhe, Laufurlaube, Laufverletzungen und Lauffreundschaften. Wir tauschten geheime Tipps und Tricks aus, verrieten uns, welches Isogetränk uns richtig in Schwung brachte und welche Laufsohle auf welchem Untergrund gegen welche Gelenkstauchungen wirkte. Es ist mir fast peinlich, darüber zu reden, aber ich empfand es wirklich so: Wir waren eine große, Klassenunterschiede überwindende Läuferfamilie.

Wo immer ich jetzt hinkam, waren schon andere Dauerläufer da. Wir suchten uns, wir rochen uns – und wir fanden uns. Dass auf diesen Partys natürlich getanzt wurde, bis der Arzt kam, versteht sich wohl fast von selbst. Wahrscheinlich fanden wir mit deutlich über 30, dass wir wegen unserer griesgrämig-verquasten Widerstandsjugend jetzt ganz viel nachzuholen hatten. Wir meinten zudem, dass wir allen Grund zu einer nachträglichen, spätjuvenilen Ausgelassenheit hatten, weil wir Läufer ja den Gral der ewigen Jugend in unseren Händen hielten. Und das war doch ein richtig guter Grund zum Feiern.

Auch außerhalb der Insiderkreise sprach ich gern übers Laufen. Ich versuchte, jedem, der sich mit pubertärem Widerstand weigerte, in die große Gemeinschaft der Laufenden einzutreten, unmissverständlich klarzumachen, was ihm entging. Ich war eine wirklich schlimme Konvertitin. Wenn mir einer von seinen Rückenschmerzen erzählte, lief ich zur Höchstform auf und erklärte mit wissender Mine, dass da wohl einfach die Muskeln fehlen. Mein bestes Argument, mit dem ich viele Verstockte kriegte, war das gleiche Argument, mit dem mich Imke einst gekriegt hatte: die Sache mit dem Glücksgefühl.

Es hatte etwa ein Jahr gedauert, bis ich verstand, was Imke meinte. Wenn man lange genug mit leerem Magen durch Berlin gelaufen war, stellte sich eine Art Taubheit an Kopf und Gliedern ein. Diese Taubheit zu bemerken und zu beobachten und festzustellen, dass es Müdigkeit und Schmerzen nicht mehr zu geben schien, sondern nur dieses monotone Schritt-Schritt-Schritt-Schritt so lange, wie man wollte, das hatte tatsächlich etwas Glücklichmachendes. Nur den Vergleich mit einem Orgasmus, den fand ich unpassend.

Nicht unerwähnt lassen darf ich an dieser Stelle Glücksgefühle anderer Art. Die Lauferei veränderte nicht nur meine Seele, sondern auch meinen Körper, und zwar ausnahmsweise mal in eine sehr positive Richtung. Fett und Schwabbel schmolzen dahin. Übrig blieben Haut und Knochen. Und Muskeln, und zwar ganz besondere Muskeln, von denen ich vorher noch nie was gehört hatte. Wie diese Muskeln heißen, verriet mir eine Trainerin des Fitnessklubs, dem ich ungefähr zu dieser Zeit beigetreten war. Eines Tages sprach sie mich an und fragte, ob ich für den Klub bei einem gerade mal wieder anstehenden Berlin-Lauf starten wolle.

Woher sie denn wisse, dass ich laufe, fragte ich scheinheilig. Da sagte sie einen Satz, der war so wunderbar, dass ich ihn nie vergessen werde. Sie sagte: »Das sehe ich an deinen schönen langen Muskeln.« An meinen *schönen langen* Muskeln! Ich habe bis heute lediglich eine vage Vorstellung davon, was das genau ist, lange Muskeln. Auch im Pschyrembel meiner Schwester wurde ich nicht fündig. Eigentlich ist es mir auch egal. Ich werde trotzdem immer finden, dass die langen Muskeln die schönsten Muskeln sind. Jedenfalls, da bin ich mir ziemlich sicher, hat weder davor noch danach irgendwer etwas so Herrliches zu mir gesagt.

Außer vielleicht die Ärztin, die ich irgendwann danach wegen einer Magenverstimmung besuchte. Sie wollte meinen Magen abtasten, und dazu musste ich mich »obenrum frei machen« und mich auf eine Untersuchungsspritsche legen. Und als ich so ohne T-Shirt vor ihr lag, da rief sie einen Satz aus, von dem ich noch heute zehre, nämlich: »Mein Gott, sind Sie schlank!« Ich würde heute sehr, sehr viel dafür geben, wenn noch mal jemand über meinen Bauch oder über irgendeinen Teil meines Körpers so freundlich reden würde.

Als ich dann mit 35, runtergejoggt auf 53 Kilo und so jung wie nie zuvor, das erste Mal schwanger wurde, bekam ich Zweifel, ob das jetzt so weitergehen könne. Doch meine Frauenärztin, selbst eine große Joggerin, ermunterte mich mit den Worten: »Was sitzt, das sitzt.«

Sie empfahl, dass ich einfach so weiterleben solle wie bisher. Dass es Frauen gebe, die bis in den Kreißsaal gejoggt kämen. Dass Bewegung genau das Richtige für eine Schwangere sei.

Als ich aber in der 16. Schwangerschaftswoche mit Blutungen in die Notaufnahme kam, bekam ich andere Ratschläge mit auf den Weg: Dass Bewegung genau das Falsche sei für eine Schwangere. Dass ich doch nicht etwa in den Kreißsaal gejoggt kommen wolle. Dass ich mit dem Leichtsinn sofort aufhören solle. Das war dann erst mal das Ende meiner Lauf-Bahn.

3. LAUFEN GEGEN ZEIT UND RAUM

Als ich meine erste Tochter bekommen hatte, war mir eine ziemliche Weile gar nicht nach Laufen zumute. Die Symphysenlockerung, die Stillbrüste, der Dammriss und vor allem das kleine, immerzu hungrige und verzweifelte Kind ließen den Gedanken an Ausdauersport gar nicht aufkommen. Das Kind vor der schrecklich feindlichen Welt, in die es geworfen war, zu beschützen war Dauersport genug. Allerdings hatte ich vorgesorgt.

Lange bevor ich eine Vorstellung davon hatte, wie viel Kraft ein so kleiner und schwacher Mensch aus einem so großen und starken Menschen wie mir würde saugen können, hatte ich einen Kinderwagen gekauft. Es handelte sich um einen sogenannten Joggingwagen. Ohne Federung, aber mit drei leicht lenkbaren Rädern und mit einem Haltegurt, damit der Wagen nicht in den Schlachtensee oder auf die Bismarckstraße rollte, wenn die Mutter hinter ihm herrannte und den Wagen dabei vor sich herschubste.

Ich hatte vor der Niederkunft geplant, dass ich mir nach der Niederkunft nur eine kurze Pause gönnen würde, um dann recht bald wieder mit der Joggerei loszulegen wie zuvor. Ich hatte allerdings vor der Niederkunft keine Ahnung, wie umständlich das Leben nach der Niederkunft sein würde. Deswegen entglitten mir plötzlich, das erste Mal in meinem ganzen Erwachsenenleben, sämtliche Planungen. Da war zum einen die bereits erwähnte Symphyse, von der ich vor der Niederkunft noch nie etwas gehört hatte, die mir aber jetzt bereits bei normalem Gehen wehtat. An schnelles Gehen oder Rennen war gar nicht zu denken. Der Dammriss war dagegen das reinste Zuckerschlecken und nach nur acht Wochen verheilt. Vorgesorgt hatte ich indessen für die Last der enormen und lauffeindlichen Stillbrüste. Ich hatte, zusammen mit dem Jogging-Kinderwagen, zwei Sport-Still-BHs gekauft, riesenhafte Liebestöter, die mir jetzt peinlicherweise perfekt passten.

Doch auch als ich die Stillbrüste, den Damm und die Symphyse halbwegs im Griff hatte, war es mit dem Kinderwagenjogging leichter geplant als getan. Das Baby spielte einfach nicht mit. Immer wenn ich drauf und dran war, loszulaufen, schrie meine kleine Tochter. Immerzu hatte sie etwas: Hunger oder Bauchweh oder volle Windeln oder einfach nur Lust zu schreien. Es gelang mir zwar mehrmals die logistische Meisterleistung eines Laufausflugs mit Jogging-Kinderwagen, aber richtige Freude wollte nicht aufkommen.

Der angeblich so leichtgängige Dreirad-Kinderwagen war komplett geländeuntauglich und kaum zu steuern. Der Haltegurt war so kurz, dass die Füße immerzu mit den Hinterrädern kollidierten. Und das Baby selbst fing nach spätestens zehn Minuten an zu schreien, was auch kein Wunder war in dieser ungefederten Kutsche und bei dem Zustand der Berliner Gehwege.

Kurz bevor sich so etwas wie eine Routine einstellen konnte, wurde ich wieder schwanger. Diesmal machte ich keine Experimente. Das ohnehin nicht mehr ganz so ersprießliche Gelaufe mit dem schrecklichen Dreiradgestell wurde noch am Tag des positiven Schwangerschaftstests eingestellt. Und lange, lange nicht wieder begonnen.

4. DER LETZTE VERSUCH

Der eine oder andere Leser wird sich daran erinnern, dass der Vater meiner beiden Mädchen eines Tages mein Leben verließ. Das war der erste Grund. Die auch nach der zweiten Schwangerschaft wieder rummuckernde Symphyse war der zweite Grund. Die mit der Zahl der Kinder steigende Schwierigkeit verlässlicher Planungen und schließlich die Unfähigkeit unter siebenjähriger Kinder, die Bedürfnisse von Eltern zu respektieren (was natürlich auch mit der Unfähigkeit über 30-jähriger Eltern zusammenhängt, ihren Kindern klarzumachen, dass es so was wie Elternbedürfnisse gibt), dies alles führte dazu, dass ich mehrere Jahre lang nicht einmal mehr den Versuch unternahm, wieder in das alte Joggingding einzusteigen.

Ich ersoff im Muttersein. Und ich genoss es, darin zu ersaufen.

Irgendwann aber trat der Nachfolger des Vaters meiner Kinder in mein Leben. Auch er war und ist ein Vater, aber nur an jedem zweiten Wochenende. Während der Woche und an jedem ersten Wochenende hatte er genug Zeit, seine Erwachsenenbedürfnisse zu befriedigen, zum Beispiel indem er joggte.

Natürlich joggte er. Alle joggten ja inzwischen. Denn ab einem Alter von um die 40 hatte sich bei jedem, auch beim letzten Optimisten, die Sache mit der Endlichkeit des Lebens herumgesprochen. Wenn man jemanden kennenlernte, fragte man nicht mehr, ob er joggt, sondern höchstens noch, wo und wie lange. Selbst ich mit meiner inzwischen zweijährigen Dauerpause hätte mich natürlich niemals als Nichtläuferin bezeichnet. Ich wollte ja gerade wieder anfangen. Nächste Woche. Oder übernächste. Ich kriegte es nur nicht so recht organisiert.

Doch irgendwann fragte mich der Nachfolger des Vaters meiner Kinder, ob wir nicht mal, ganz konkret, am Wochenende um den Schlachtensee laufen gehen wollten. Meine Kinder waren bei ihrem Vater, seine

Kinder waren bei ihrer Mutter. Es gab, außer der Wäsche, der Unordnung, der Erschöpfung und der Frage, ob ich das überhaupt noch kann, keinen Grund, nicht einzuwilligen. Also willigte ich ein.

Als wir das erste Mal zusammen den Schlachtensee ansteuerten, mit dem Auto natürlich, denn Läufer fahren gern mit dem Auto zum Laufen, da machte ich eine rundum positive Erfahrung, die mich überraschte und motivierte: Wenn man jahrelang gelaufen ist und danach jahrelang nicht gelaufen ist und dann plötzlich wieder mit Laufen anfängt, dann kann man noch immer laufen. Es ist wie mit dem Rauchen. Wenn man einmal rauchen kann, verlernt man es nicht wieder. Der unerträgliche Schmerz, wenn man das erste Mal eine volle Ladung Nikotin und Teer und Ruß in die jungfräulichen Lungen einatmet, dieser Schmerz, den man viele Zigarettenschachteln lang empfindet und niederkämpft – dieser Schmerz kommt nie wieder. Auch wenn man jahrelang keine Zigaretten mehr angerührt hat und dann doch wieder – es tut nie wieder weh, zu rauchen. Leider! Für Menschen wie mich, die sich immer wieder vorgenommen haben, mit dem Rauchen aufzuhören, hätte Schmerz die Sache erleichtert. Aber das steht in einem anderen Kapitel.

Beim Laufen war es ähnlich. Ich konnte auf Anhieb ziemlich lange laufen. Nicht so lange wie in den besten Tagen, aber doch überraschend lange. Die Umrundung des Schlachtensees mit seinen 5,6 Kilometern schaffte ich relativ mühelos. Und der Schmerz, den ich vor Jahren auf meiner ersten 800-Meter-Distanz in Charlottenburg zu ertragen gelernt hatte – dieser Schmerz kam nicht zurück. Schön!

Meine Angst vor dem Wiedereinstieg war also unbegründet gewesen. Ich hatte in den vielen Läuferjahren offenbar einen größeren Vorrat an Unsterblichkeit und Jugend angelegt, der nun schon Früchte trug. Das war ein rundum positives Signal meines Körpers. Ich dankte meiner Freundin Imke im Geiste dafür, dass sie mich seinerzeit mit dem Gral ewigen Lebens bekannt gemacht hatte.

Wir beschlossen, von nun an jedes zweite Wochenende laufen zu gehen, also immer dann, wenn alle unsere Kinder bei den anderen Elternteilen waren, denn wenn sie bei uns waren, war an Planung und Befriedigung von Erwachsenenbedürfnissen noch immer nicht zu denken.

Doch bald merkte ich, dass ich meiner Freundin Imke zu früh gedankt hatte. Denn ich stellte fest, dass Jogging noch andere Schmerzen verursachen kann als Lungeninfarkt und Muskelkrampf. Am Samstag war noch alles fein gewesen. Aber schon am Sonntag des zweiten Trainingswochenendes mit meinem Freund spürte ich ab dem letzten Viertel der Schlachtensee-Runde einen unangenehmen Schmerz im Knie. Ich lief natürlich weiter, denn eine eherne Jogger-Regel lautet, dass man Schmerzen einfach totrennen soll.

Der Schmerz ließ sich aber nicht töten. Es war ja auch nicht so, dass ich früher nie Schmerzen im Knie

gehabt hätte. Die waren aber, nachdem ich sie totge-
rannt hatte, spätestens nach zwei Tagen von ganz allein wieder weggegangen. Diesmal war es nicht so. Ich
versuchte aber, mich nicht aufzuregen, denn es lagen ja
zwei Wochen mit den Kindern, lauftechnisch also zwei
Wochen Rekonvaleszenz, vor mir.

Als die zwei Wochen um waren, tat mein Knie immer noch weh. Ich wollte aber nicht zimperlich sein,
und so machten wir uns am entsprechenden Samstag
wieder auf den Weg an den Schlachtensee. Aber schon
nach einer halben Runde musste ich aufgeben. Das
war dann aber doch nicht so peinlich, weil auch mein
Freund, der noch ein paar Lebensjahre mehr auf dem
Rücken hat als ich, ebenfalls über Probleme klagte. Ihm
tat die Achillessehne weh. Und zwar so sehr, dass er nur
noch humpeln konnte.

Ich vermute, dass er sich nur wegen meines Wehwehchens zu einem Geständnis seines Wehwehchens
ermutigt fühlte, und frage mich bis heute, ob er seinen
Schmerz totgelaufen und die Runde beendet hätte,
wenn ich nicht mit meinem Geständnis in Vorleistung
gegangen wäre. Ich werde es nie erfahren. Glasklar, wie
die Sache nun aber stand, humpelten wir also zusammen die zweite Schlachtensee-Hälfte zurück zum Auto.
Wir beschlossen, uns erst mal auszukurieren und die
für Sonntag geplante zweite Trainingseinheit ausfallen
zu lassen. Stattdessen humpelten wir am Sonntag in einen Biergarten.

Es blieb nicht bei einem Sonntag Zwangspause.

Mein Knie puckerte sechs Wochen, ehe ich es wieder einsetzen konnte. Die Achillessehne brauchte mehrere Jahre. Wie viele Jahre, kann ich in diesem Moment noch nicht sagen, denn sie ist noch immer nicht wieder heil. Als nach sechs Wochen mein Knie nicht mehr laut protestierte, wenn ich mal einen größeren Schritt tat, fing ich wieder an, jetzt leider allein, denn die Achillessehne hatte einen Totalschaden erlitten. Nach einer kurzen Joggingrunde in der Nachbarschaft fing mein Knie schon wieder an zu nerven. Ich ging zum Arzt.

Der Arzt verbot mir ein Vierteljahr lang jede Stauchung des Kniegelenks. Er sagte mir Dinge, die ich ihm übel nahm, nämlich dass mein Gelenkknorpel wie weggehobelt sei. »Das kommt vom Laufen«, sagte er. Da wusste ich, dass mein Körper durch das Training doch nicht unsterblich geworden war, nicht das kleinste bisschen. Nur ziemlich abgenutzt.

Freiwillig verlängerte ich deswegen die Laufabstinenz auf ein halbes Jahr. Dann fing ich mit sehr kurzen Distanzen von nicht mehr als 800 Metern wieder an. Es ging auch eine Weile ganz gut. Doch dann sprach meine Hüfte zu mir. Ihre Sprache war noch deutlicher und noch unangenehmer als die Sprache meines Knies. Sie setzte mich rundum außer Gefecht. Ich konnte nicht nur nicht mehr joggen, sondern auch nicht stehen, nicht sitzen, nicht liegen. Ich wachte jede Nacht vor Schmerz auf. Monatelang.

Plötzlich bekam ich richtig Angst. Wenn ich nun, im zarten Alter von 43 Jahren, eine künstliche Hüfte haben müsste; wenn ich im Rollstuhl enden würde? Was würde dann aus meinen unschuldigen Kindern werden? Eines Nachts, als ich mal wieder von meiner Hüfte aus dem Schlaf gerissen wurde und an meine verkrüppelte Zukunft dachte, fasste ich erneut einen Beschluss: Ich würde nie wieder leichtsinnig meine offensichtlich zu alten Knochen mit einem Risiko-Käse wie Jogging quälen.

Ich würde wahrscheinlich nicht unsterblich werden. Aber wenn ich schon würde sterben müssen, dann wenigstens nicht als Rollstuhlfahrerin. Diesen Entschluss habe ich übrigens bis heute durchgezogen. Knallhart.

EIN LEBEN OHNE BRILLE

Wie ich verzweifelt versuchte, gegen meine Altersweitsichtigkeit anzukämpfen – und scheiterte

Für Elisabeth Schmidt-Landenberger

Solange ich klein war, wünschte ich mir nichts sehnlicher, als eine Brille zu haben. Zwar fand ich Menschen mit Brille nicht besonders schön. Aber aus irgendeinem Grund, den ich bis heute selbst nicht richtig verstehe, wollte ich dennoch immer gern eine Brille »meine Brille« nennen können.

Es gab natürlich immer Menschen in meiner Umgebung, die Brillen trugen. Lutzi zum Beispiel, in den ich verliebt war, als ich fünf Jahre alt war. Wenn Lutzi nett war, durfte ich seine Brille ausprobieren. Lutzi sah ohne Brille noch komischer aus als mit Brille. Wenn er seine Brille abnahm, um sie mir zu reichen, glänzte auf seinem brillenlosen Nasenrücken ein rosiger Doppelstempel, den die beiden Nippel hinterlassen hatten, mit dem alle Brillen dieser Welt ausgestattet sind. Ohne Brille wirkten Lutzis Augen nackt und trüb. Das lag sicherlich daran, dass er ohne Brille nicht gut sehen konnte. Ich konnte mit seiner Brille auch nicht gut sehen. Aber ich fühlte mich irgendwie so anders, so interessant.

Ich sah mich gern mit Lutzis Brille im Spiegel an. Leider konnte ich die Wirkung seiner Brille in meinem Gesicht nicht umfänglich prüfen. Ich konnte mich nicht so ohne Weiteres hin und her wenden, um mich aus verschiedenen Perspektiven zu begutachten, denn ich konnte mit der Brille nur sehr schlecht sehen. Mit Lutzis Brille musste ich ganz dicht am Spiegel bleiben, mehr als ein paar Zentimeter konnte ich mich nicht entfernen. Trat ich weiter zurück, verschwamm alles. Das erschwerte das Ausprobieren interessanter Posen. Stand ich aber ganz dicht vor dem Spiegel und sah darin mein bebrilltes Gesicht, fand ich mich toll. Nicht schön, aber, ja, interessant. Lutzis Brille stand mir viel besser als Lutzi, dafür hatte ich schon im Alter von fünf Jahren einen Blick. Deswegen wollte ich unbedingt selbst so eine Brille besitzen.

Ich ließ nichts unversucht. Als ich in die Schule kam, wurden wir jedes Jahr vom Schularzt untersucht. Der überprüfte jede unserer Organfunktionen, auch die der Augen. Bei den ersten Untersuchungen hatte ich den Dreh noch nicht raus. Ich war ehrgeizig und wollte dem Arzt gefallen, und darum setzte ich alles daran, auch die allerkleinsten Zeichen seiner augenärztlichen Testkarte erkennen zu können, was mir nie auch nur ansatzweise schwerfiel. Noch heute würde ich den Entfernungstest beim Augenarzt mühelos bestehen.

Nach der Reihenuntersuchung aber ärgerte ich mich darüber, dass wieder ein paar Mitschüler ein Brillenrezept mit nach Hause nehmen konnten, das sich kurz darauf in eine Brille verwandelte. Wieder waren Menschen in meiner Umgebung zu Brillenträgern geworden – und wieder war ich leer ausgegangen.

Als ich ungefähr acht Jahre alt war, machte ich ernst. Bei der Reihenuntersuchung kämpfte ich meinen Ehrgeiz, auch die kleinsten Zeichen erkennen zu können, nieder. Das war nicht leicht. Weil ich Angst hatte, zu lügen, oder jedenfalls Angst, beim Lügen erwischt zu werden, wandte ich einen Trick an: Ich drückte, wenn mein rechtes Auge geprüft wurde, mein linkes mit der Hand so fest zu, dass ich danach mit dem linken minutenlang nur noch verschwommen sehen konnte. Wenn dann mein linkes Auge geprüft wurde, musste ich gar nicht lügen – ich sah die vorletzte und die letzte Zeile der Augenprüftafel mit dem linken Auge wirklich unscharf. Unterdessen presste meine Hand mein rechtes Auge bis an die Schmerzgrenze zu. Wenn dann das rechte erneut geprüft wurde, sah ich auch auf diesem ziemlich schlecht. Ich werde nie den Triumph vergessen, als auch ich mit einer Überweisung zum Augenarzt die Reihenuntersuchung verließ.

Leider klappte mein Manöver (in dessen geheime und zuverlässige Funktionsweise ich niemanden eingeweiht hatte, schon gar nicht diejenigen meiner Freundinnen, die sich auch eine Brille wünschten) beim echten Augenarzt nicht. Denn der hatte feinere

Messmethoden, und hier versagte mein doch recht grob gestrickter Betrugsversuch: Beim Augenarzt musste ich mit beiden Augen gleichzeitig durch eine Maschine schauen, die wie ein Elektronenmikroskop aussah.

Die Maschine öffnete meine beiden Augen sehr weit. Sie zeigte mir verschiedene Bilder und Symbole, und ich musste dem Arzt sagen, was ich sah. Auch hier war ich zum richtigen und vorsätzlichen Lügen zu feige. Und meine schöne, selbst erfundene Methode der Sehkraftreduktion durch eigenhändige Augapfel-Anquetschung konnte ich hier nicht anwenden. Diese blöde Maschine verhinderte ja, dass ich meine Hände überhaupt in die Nähe meiner Augen bringen konnte.

Nach zehn Minuten stand fest, dass ich doch keine Brille brauchte. Der Augenarzt verabschiedete mich mit einem Blick, den ich streng und entlarvend fand. Ich fühlte mich so enttarnt, dass ich bei späteren schulärztlichen Untersuchungen von weiteren Versuchen, mein Augenlicht herunterzuspielen, Abstand nahm.

Ich bekam auch später keine Brille. Meine Augen waren einfach immer fantastisch. Meine ganze Jugend hindurch musste ich mit dem kurzen Vergnügen vorliebnehmen, das es mir bedeutete, die Brillen meiner Klassenkameraden aufzuprobieren.

Auch als ich älter wurde, nahm mein Interesse an Brillen nicht ab. Als ich in das Alter kam, Jungs interessant zu finden, die älter waren als Lutzi, fand ich immer Jungs mit Brillen interessant. Das Interesse für männliche Brillenträger hatte sich ja schon in meiner kindlichen Zuneigung zu Lutzi angedeutet. Ich glaube, ich hatte auch nach Lutzi nie Freunde, die keine Brille hatten.

Warum ich immer nur mit Brillenträgern zusammen war, weiß ich nicht. Ich suchte meine Freunde nicht in den Reihen der Brillenträger, jedenfalls nicht bewusst. Denn eigentlich fand ich ja, dass Brillen ein schönes Gesicht verunstalten, von meinem eigenen Gesicht mal abgesehen.

Es ergab sich vermutlich einfach, dass ich immer Brillenträger nach Hause brachte, und es wäre mir wahrscheinlich nicht einmal aufgefallen. Aber meiner Mutter fiel es auf. Sie äußerte sich natürlich besorgt. Auch meinem Bruder fiel es auf. Er äußerte sich natürlich herablassend. Niemand in meiner Familie trug damals eine Brille. Wir alle haben fantastisch gute Augen und teilen die Ansicht, dass Brillen ein Gesicht nicht schöner machen.

Später interessierte mich dann nicht mehr, was meine Mutter und mein Bruder über meine Freunde dachten. Ich ging mit meinen Brillenträgern aus und heiratete später einen von ihnen. Mit seiner Brille wurde es schwer, vor dem Spiegel zu posieren, denn ich konnte mich gar nicht erkennen. Trotzdem probierte ich immer wieder seine Brille auf – ein sehr intellektuelles Modell im damals angesagten Brecht-Design. Weil ich mich im Spiegel nicht sehen konnte, war er mein Spieglein an der Wand. »Du bist die Schönste im ganzen Land«, antwortete er, so oft ich es hören wollte.

Damit er sah, wie ich aussah, musste er seine Ersatzbrille aufsetzen, ein älteres Modell in sogenannter Fliegerform mit getönten Gläsern. Er sah richtig scheiße aus, wenn er mir sagte, dass ich gut aussah. Wenn wir dann die Brillen tauschten, sagte er mir, dass mir auch seine getönte Fliegerbrille richtig gut stehe, was mir schmeichelte und was ich ihm glaubte, weil ich ihm alles glaubte. Er nahm dann auch das erste Mal das Wort »Brillengesicht« in den Mund, um zu beschreiben, wie gut mir fremde Brillen standen. Dass er mit dieser Brillenstärke in der Nähe von sehbehindert rangierte, störte mich nicht.

Dass er nicht gut sehen konnte, machte er anders wett. Er war sehr klug. Seine eigene Sehschwäche kommentierte er mit dem Spruch: »Ich muss verdammt gute Augen haben, wenn ich durch diese Brille so scharf sehen kann.« Dieser Spruch brachte mich in den Jahren, die wir verheiratet waren, immer wieder zum Lachen.

Obwohl mein Brillenträger, von seiner Augenschwäche abgesehen, pudelgesund war, liebte er die Lektüre medizinischer Fachzeitschriften. Er war immer bestens über den medizinischen Fortschritt informiert. Besser als die meisten Ärzte, was ja auch nicht besonders schwer ist. Das ersparte uns manchen Arztbesuch. Zum Augenarzt gingen wir nie. Ich, weil ich noch immer gut sah. Er, weil er gelesen hatte, dass Augen nur deswegen zunehmend schlechter würden, weil Augenärzte jede Augenverschlechterung mit einer Anpassung der Brillenstärke beantworten.

Überzeugt von dieser Erkenntnis beschloss er, jeder gefühlten Augenverschlechterung statt mit einer noch stärkeren Brille mit Augenmuskeltraining zu begegnen. »Unterkorrigieren« hieß das dazugehörige Zauberwort.

Irgendwann wurde ich 40, und mein Brillenträger und ich ließen uns scheiden. Brille zu tragen und klug zu sein reicht vielleicht nicht als Basis für ein ganzes, langes, gemeinsames Leben.

Kurz nach meiner Scheidung passierte etwas Merkwürdiges. Ich las ein Buch über geschiedene 40-jährige Frauen. Plötzlich hatte ich ein Störgefühl. Das Buch, das eigentlich ganz interessant war, war plötzlich so undeutlich. Ich hielt es für einen Fehldruck. Nach einer Weile merkte ich, dass der Fehldruck viel deutlicher wurde, wenn ich das Buch ein paar Zentimeter weiter weghielt. Ich las das Buch ohne Probleme zu Ende und hatte mich schnell an die neue Lesehaltung gewöhnt. Sie half auch bei den Büchern, die ich danach las.

Später kam dann noch die Erfahrung dazu, dass ich mit sehr viel Licht sehr viel besser lesen konnte. Noch etwas später war es dann so, dass auch mit sehr viel Licht und mit stattlichem Abstand zwischen meinen fantastischen Augen und meinem Buch das Lesen unkomfortabel war.

Ich ahnte etwas. Wollte es aber nicht wahrhaben.

Mein Leben lang hatte ich mir eine Brille gewünscht. Es war eine der wenigen Sachen, die ich nicht verdienen, nicht erarbeiten und auch nicht erbetteln konnte. Ja, ich habe immer eine Brille gewollt. Aber nicht so eine. Nicht eine, die man aufsetzt, wenn der Augenmuskel altersbedingt schlappmacht. Das Wort »Altersweitsichtigkeit« ist ein hässliches Wort. Weil ich nicht alt war, wollte ich auch nicht altersweitsichtig sein. Ich wollte eine Brille, um mein Brillengesicht zu schmücken. Aber eine Brille für alte Schachteln in den Wechseljahren, die wollte ich nicht.

Ich erinnerte mich an die kluge Theorie meines geschiedenen Ehemanns. Augenmuskeltraining statt Brille! Unterkorrigieren! Wir waren zwar geschieden, aber deswegen musste ich ja nicht aufhören, seinen Theorien anzuhängen. Und so kam es, dass ich mir fest vornahm, niemals solch ein geriatrisches Nasenfahrrad zu tragen. Ich wollte meinen Augenmuskel fit halten und meine Sehschwäche so lange unterkorrigieren, bis ich wieder so fantastisch gut sah wie früher.

Ich ging nicht zum Optiker und erst recht nicht zum Augenarzt. Diese Menschen waren ja nur dazu da, mir vierteldioptrienweise neue Brillengläser aufzuschwatzen. Die neuen Theorien, die mein Exmann schon vor Jahren erkannt hatte, nahmen die ja schon deswegen nicht zur Kenntnis, weil es ihrem Erwerbstrieb schadete. Nicht mit mir, liebe Leute, dachte ich so für mich.

Augenmuskeltraining bedeutet weitermachen, auch wenn es wehtut. Wie beim Joggen. Natürlich kann man tricksen. Beim Joggen, indem man die Füße undynamisch flach über den Boden führt. Beim Augenmuskeltraining, indem man auf Abstand geht. Ohne es zunächst zu merken, gewöhnte ich mir vierteljährlich einen Zentimeter mehr Buch-Augen-Abstand an. Zu mehr Augenmuskeltraining war ich nicht fähig.

Wenn mir meine Kinder etwas zeigen wollen, eine soeben gefundene Muschel etwa oder ein besonders sü-ßes Katzenbabyfoto, halten sie es mir immer direkt unter die Nase. »Wieso hältst du mir das Foto direkt unter die Nase?«, frage ich dann, und sie antworten: »Damit du ganz genau sehen kannst, wie süß das Katzenbaby ist.« Sie selbst kriechen förmlich in ihre Bilder hinein, ohne dass es ihre Augen zu stören scheint. Das waren dann so die Momente, in denen ich mich fragte, wie lange ich die Sache mit dem Augenmuskeltraining noch würde durchhalten können.

Als ich 42 Jahre alt wurde, fand ich einen neuen Brillenträger. Auch er ist sehr klug. Darum schenkt er mir gern Bücher. Sie liegen als Geschenk verpackt auf meinem Kopfkissen, was ich immer erst merke, wenn mein Kopf schon ins Kissen sinken will. Ich bin also immer gut versorgt mit Büchern, mit denen ich mein Augenmuskeltraining intensivieren kann.

Vor einiger Zeit schenkte er mir mal wieder ein Trainingsbuch. Es war eine Fischer-Taschenbuch-Aus-gabe von Frank Schätzings »Der Schwarm«, das ich schon immer lesen wollte. Als ich das Buch aufschlug, merkte ich, dass mal wieder ein Vierteljahr vergangen sein musste, denn ich erkannte nur graue Linien, aber keine Buchstaben.

Es war ein deprimierender Moment, aber ich hatte

mich in den zurückliegenden Jahren an Momente dieser Art schon fast gewöhnt, und ich hatte das Gefühl, dass meine Arme lang genug waren, um noch ein paar Jahre durchzuhalten. Doch dieses Taschenbuch war anders. Die Buchstaben waren so klein, dass auch der größte Abstand, zu dem meine Arme fähig waren, nicht reichte, um die grauen Linien in Buchstaben zu verwandeln.

Natürlich war ich zuerst sauer auf meinen Freund. »Wieso kaufst du für mich so eine Billigausgabe in Blindenschrift?«, fragte ich ihn. Mein Freund klärte mich besserwisserisch darüber auf, dass es sich bei einer Miniaturschrift der Größe 9 Punkt wohl kaum um Blindenschrift handeln kann, entschuldigte sich dann aber für seine Sparsamkeit. Ich hatte trotz seiner Entschuldigung meine Qual mit diesem Buch. Ich mühte mich. Ich las jeden Abend ein paar Seiten. Schneller als sonst wurde ich dabei müde und beendete mein Augenmuskeltraining. Ich schob es auf das Buch, das mich Hunderte Seiten lang über alle Maßen langweilte. Nach mehreren Hundert Seiten wurde es aber plötzlich spannend. Als der Tsunami auf Norwegen zurollte, wollte ich einfach weiterlesen. Ich wollte diese einzigartige Schilderung des Niedergangs von halb Europa nicht über Wochen strecken müssen, weil meine Augen ihren Dienst verweigerten.

Es traf sich, dass wir in dieser Zeit Besuch bekamen, ein Zahnarztehepaar. Meine Kinder hatten der Zahnarztfrau ein besonders niedliches Katzenbabyfoto zeigen wollen, und sie hatte, um es würdigen zu können, ihre

Lesebrille zur Hand genommen. Es war eine schwarze, kleine Kunststoffbrille, deren Bügel mit Strass besetzt waren. Später am Abend, als das Zahnarztehepaar nach Hause gegangen war, merkte ich, dass die Zahnarztfrau ihre Brille vergessen hatte. Ich legte die Brille auf das antike Schränkchen in unserer Garderobe, damit ich sie nicht vergessen würde, wenn ich das nächste Mal zum Zahnarzt ging. Dort lag sie auch an jenem Abend noch, als ich beim norwegischen Tsunami angekommen war und unbedingt weiterlesen wollte.

Mein sparsamer Brillenträger war schuld an dem, was ich dann machte. Auch der Tsunami, der Norwegen unter sich begrub, war schuld. Das fürchterliche Naturereignis und der Geiz meines Freundes rechtfertigten, was ich in dieser Nacht tat. Ich schlich mich in unsere Flurgarderobe. Ich schlich besonders leise, obwohl alle schon schliefen. Ich griff auf das antike Schränkchen – und nahm die Brille der Zahnarztfrau an mich. Ich schlich ebenso leise wieder nach oben, denn man weiß ja nie, wer einem nachts im eigenen Haus begegnet, plötzlich erwachte Kinder oder plötzlich erwachte Brillenträger.

Ich kehrte ohne Zeugenkontakt wieder ins Schlafzimmer zurück, wo meine Leselampe das Buch an seiner spannendsten Stelle beleuchtete. Das Buch wartete auf mich. Dann setzte ich die kleine schwarze, strassbesetzte Brille der Zahnarztfrau auf. Ich nahm mein Buch.

Was ich sah, war erquickend und entsetzlich zugleich: deutliche, gestochen scharfe Buchstaben, die sich ohne Mühe zu Worten und Sätzen zusammenfassen ließen. Ich las das Buch in den kommenden vier Nächten zu Ende. Auch als das Buch, nach dem Tsunami, wieder langweilig wurde, legte ich die Brille nicht weg, weil man sich ja auch und gerade von langweiligen Büchern nicht länger als nötig die Abende kaputt machen lassen will. Man will sie hinter sich bringen, und wenn man das schaffen will, ist es hilfreich, schnell zu lesen.

In meinem Fall ging das Lesen mit der Brille der Zahnarztfrau ungefähr viermal so schnell, und es war nicht mehr das Lesen, das müde machte, sondern höchstens noch das Buch selbst. Als ich das Buch durchhatte, ging ich zum Zahnarzt und nahm die Brille der Zahnarztfrau mit. Die Brille war nun wieder weg, und ich war froh und erleichtert. Ich wollte von nun an mein Augenmuskeltraining, Lesen ohne Brille, wieder diszipliniert fortsetzen.

Das nächste Buch, das ich auf meinem Kissen fand, war wieder in normaler Schriftgröße gedruckt. Meine Arme waren dafür auch wieder lang genug, und meine Augenmuskeln kamen bald wieder so zu Kräften, dass ich recht gut klarkam. Dennoch erinnerte ich mich mit Wehmut und Wonne an die vier Tage, in denen mir das Lesen – mit der Brille der Zahnarztfrau – so unendlich leichtgefallen war.

Dies ist nicht das Ende dieser wahren Geschichte. Bis zu diesem Zeitpunkt war ich ja nur für vier Tage von meinem guten Vorsatz abgewichen, ohne Brille alt zu werden. Ich redete mir Abend für Abend unter meiner wirklich hellen Leselampe ein, dass die Tipps meines Exmannes, gepaart mit meiner eigenen Disziplin, meine Augen bald wieder zu ihrer alten fantastischen Stärke zurückführen würden.

Doch ein paar Monate später passierte etwas, das sich als Todesstoß meines guten Vorsatzes erwies. Ich besuchte ein Seminar. Ich besuchte es nicht allein, sondern in Begleitung dreier Kolleginnen. Zwei von ihnen, zwei besonders kritische und aufmerksame Kolleginnen, arbeiten unmittelbar mit mir zusammen. Wir sehen uns fast täglich im Büro, und deswegen ist es besonders wichtig, vor ihnen nicht die Contenance zu verlieren.

Das Seminar leitete eine extrem sympathische und kompetente Dame, die deutlich älter war als wir, vor allem deutlich älter als meine beiden kritischen Kolleginnen. Es ging bei diesem Seminar um Textkritik, und es ging richtig zur Sache. Weder vor dieser Seminarleiterin noch vor meinen beiden Kolleginnen wollte ich wie eine blöde Blindschleiche dastehen.

Wir hatten uns natürlich alle vorbereitet und unsere eingereichten Texte wechselseitig gelesen, denn wir waren ja hier, weil wir einander textlich sezieren wollten. Doch dann bekamen wir überraschend die Aufgabe, unsere eigenen Texte noch einmal zu lesen – mit konkretem Blick auf dies oder das. Die Seminarleiterin verteilte die Texte zu diesem Zweck als Handouts. Ich sah die Zettel, Format DIN A4 – und ich sah nichts. Ich sah noch weniger als damals, als mein Freund mir Schätzings »Schwarm« in Miniaturschrift geschenkt hatte. Ich konnte also die Aufgaben beim besten Willen nicht erfüllen.

Ich gab mein Bestes. Ich setzte mich so hin, dass möglichst viel Licht auf das Handout fiel. Es half nichts. Ich bat die sympathische Seminarleiterin, mir die gerade zu untersuchenden Texte mal eben als E-Mail zuzuschicken, denn eine E-Mail kann man sich auf dem Bildschirm mühelos so sehr vergrößern, wie es eben angenehm ist. Sie tat das auch kommentar- und fraglos, aber es dauerte etwas, bis die Post ankam. Und so vergingen entscheidende Momente. Unterdessen waren meine beiden kritischen Kolleginnen schon feste am Arbeiten. In großer Eile versuchte ich, die verlorene Zeit wieder reinzuholen. Ich las und analysierte, so schnell ich konnte.

Doch ich hatte keine Chance. Ich fiel immer weiter zurück, weil ich mir auf meinem Bildschirm keine Randnotizen mit dem Bleistift machen konnte. Ich hetzte also immer hin und her zwischen Bildschirm und Handout. Auf dem Bildschirm las ich. Und auf dem Handout machte ich mir Notizen – an der hoffentlich richtigen Stelle. Genau wusste ich nicht, ob die Randnotizen an den richtigen Stellen zu stehen kamen, denn ich konnte es nicht erkennen.

Doch dann fiel mir ein, dass ich meine analytischen Randbemerkungen gar nicht würde vortragen können, weil ich ja im Vortrag wiederum nicht würde lesen können, was in dem Textabschnitt stand, den ich soeben mit einer Randnotiz versehen hatte.

Als die anderen ihre Aufgaben schon gelöst hatten und auf mich warteten, als ich vier ungeduldige Augenpaare auf mir und meinem Hin und Her zwischen Bildschirm und Textkopie kleben fühlte, als ich das Ende ihrer Geduld glaubte riechen zu können und vor lauter Nervosität nicht mehr auch nur ansatzweise verstand, was ich las – da gab ich auf.

»Entschuldigung«, sagte ich, möglichst ruhig, gefasst und wie nebenbei. »Entschuldigung, aber ich kann das hier nicht lesen.« Die Seminarleiterin fing an zu lachen. »Sie haben wohl Ihre Brille vergessen, Frau Spoerr?«, fragte sie fröhlich. »Nein«, antwortete ich, und meine Empörung war nicht einmal gespielt. »Ich brauche keine Brille.« Sie schaute mich so an, wie man jemanden anschaut, der gerade etwas ganz besonders Falsches gesagt hat, so falsch, dass man es nicht einmal wagt, ihn zu korrigieren, um ihn nicht bloßzustellen. Doch mir war von ganz allein der Widersinn meiner Worte bewusst geworden.

Und mir war im gleichen Moment auch klar geworden, dass es zu weit führen würde, meinen beiden kritischen Kolleginnen und der netten Seminarleiterin den tiefen Sinn meiner Worte oder gar die Vorgeschichte dieser Worte zu erklären, die ja immerhin bei Lutzi begonnen hatte. Also lächelte ich nur.

Die nette Seminarleiterin, die ja nicht lesen musste, weil sie keine Seminarteilnehmerin war, setzte ihre eigene Lesebrille ab und schob sie mir über den Tisch. »Plus zwei«, sagte sie und lächelte auch. »Die gibt's bei

Schlecker für 4,99.« – »Ich brauche doch gar keine Brille«, dachte ich und nahm die Brille. Ich setzte sie auf und genoss den Blick auf das Handout, das sich mithilfe der Brille der Seminarleiterin in Schrift verwandelte. Ich genoss den Anblick und bekannte mich zu meiner Niederlage. So sadistisch klein die Kopien auch gezogen waren, mit der Brille der Seminarleiterin, die bei Schlecker 4,99 gekostet hatte, konnte ich alles, alles lesen. Da standen Wörter und Sätze in deutscher Sprache. Gut lesbar.

Ich beschloss, morgen in den erstbesten Drogeriemarkt zu gehen. Ich würde mir eine Lesebrille kaufen, wenn möglich aus schwarzem Kunststoff und mit dezentem Strass besetzt.

Es wurde dann noch ein sehr schönes Seminar.

ACH, DU LIEBE ZEIT

Wie ich beschloss, künftig nicht mehr zu spät zu kommen, dann aber merkte, wie viel Zeit man verschwendet, wenn man nie zu spät kommt

Für Wolfgang

Ich war schon immer ein unpünktlicher Mensch. Lange bevor ich wusste, was das akademische Viertel ist, entsprach das akademische Viertel meiner Vorstellung von Pünktlichkeit. Wo immer ich erwartet wurde, musste man auf mich warten. Wahrscheinlich handelt es sich dabei um einen genetischen Defekt. Jedenfalls kann es kein Erziehungsfehler sein, den ich meiner Mutter in die Schuhe schieben könnte. Wenn meine Mutter um halb sieben das Haus verließ, um zur echt ostdeutschen Bürozeit, punkt sieben, mit der Arbeit zu beginnen, vergaß sie nie die Ermahnung: »Trödel nicht! Sei pünktlich in der Schule!« Ohne zu lügen, versprach ich es ihr.

Doch wenn die Wohnungstür zufiel, hatte ich mein Versprechen bereits den anderen Prioritäten des Tages untergeordnet. Und die Pünktlichkeit hatte in meiner Prioritätenliste keinen allzu prominenten Platz. Meine Mutter hingegen liebt die Pünktlichkeit, und bei ihrer Erziehung zur Pünktlichkeit war sie auch mindestens ein Mal erfolgreich, nämlich bei meiner Schwester.

Meine Schwester war schon immer ein pünktlicher Mensch. Sie liebte die Pünktlichkeit sehr, sie liebte sie vermutlich mehr als mich, ihre kleine Schwester. Vielleicht liebt sie mich deswegen nicht so sehr, weil ich so unpünktlich bin, und sicherlich hätte sie mich mehr geliebt, wenn ich pünktlicher gewesen wäre. Aber dieser Zusammenhang war mir damals noch nicht klar. Und seit wir unsere eigenen Leben leben, treffe ich sie zu selten, um ihr beweisen zu können, dass ich ihr zuliebe sogar pünktlich wäre. Wir sehen uns eigentlich nur noch zu Familienfeiern, und bei Familienfeiern kann man, finde ich, ruhig ein bisschen unpünktlich sein.

Meine Schwester hat mich beizeiten spüren lassen, wie wenig sie mit meiner Neigung zum letzten Drücker anfangen kann. Wir haben viele Jahre lang die gleiche Schule besucht, die alte Rostocker Stadtschule am Rosengarten. Und es hätte nahegelegen, zusammen zur Schule zu gehen, so wie die meisten anderen Geschwister es taten. Aber meine Schwester wollte nicht zu spät kommen, und ich konnte mich nicht beeilen. Ich wollte natürlich auch nicht zu spät kommen. Ich wollte, wie die meisten kleinen Mädchen, gern alles richtig machen. Ich wollte auch pünktlich sein. Aber ich konnte nicht – wegen der Prioritäten.

Wenn meine Schwester morgens das Haus verließ, um zur Schule zu gehen, hatte ich meist noch den Schlafanzug an, und obwohl es von der Breiten Straße, in der wir wohnten, bis zur Stadtschule nur etwa 300 Meter waren, war es notwendig, dass ich mich anzog, bevor ich aufbrach.

Ich weiß nicht mehr, welche Dinge es waren, die mich morgens daran hinderten, rechtzeitig aus dem Schlafanzug rauszukommen und mich für die Schule anzuziehen. Ich weiß nur, dass sie in meiner Prioritätenliste deutlich weiter oben standen als das Versprechen, das ich meiner Mutter gegeben hatte. Und ich weiß, dass fast jeder Schulmorgen mit der gleichen dramatischen Szene begann, an deren Höhepunkt ich meiner Schwester das immer gleiche Wort hinterherheulte: »WAAARTEEEE!!!«

Meine Schwester wartete aber nicht. Wenn sie morgens fertig war, ging sie los. Mit großer Ruhe, gepackter Schultasche und gemachten Hausaufgaben. Sie fackelte nicht lange herum.

Ich muss zu ihrer Ehrenrettung sagen, dass sie wohl mit mir zur Schule gegangen *wäre*. Sie ließ mich nicht aus Prinzip und schon gar nicht aus Sadismus mutterseelenallein zurück in meinem Schlafanzug. Obwohl: Ich meine mich an ein Grinsen zu erinnern, das in ihrem Gesicht aufleuchtete, wenn sie mich heulend in meinem Schlafanzug zurückließ. Natürlich leugnet meine Schwester, dass es ihr Spaß machte, mich in diesem Zustand allein zu lassen. Sie beteuert sogar, dass sie mit ihrer kleinen Schwester zur Schule gegangen wäre – wenn sie fertig gewesen wäre. Ich war aber nie fertig.

Wenn meine Schwester morgens das Haus verließ, merkte ich immerhin, dass es mal wieder spät geworden war bei den Dingen, die auf meiner Prioritätenliste weiter oben standen, Dinge, an die ich mich nicht mehr erinnern kann. Erinnern kann ich mich aber an die Eile, die dann geboten war. Es klingt paradox, aber es ist wahr: Ich konnte mich schon als Schulanfängerin sehr schnell anziehen und sehr schnell kämmen und sehr schnell den Kram zusammenpacken, den ich für den Schultag so brauchte. Ich konnte auch sehr schnell rennen, denn ich wollte ja nicht zu spät kommen.

Obwohl ich sehr schnell war, kam ich ziemlich oft zu spät zur Schule, wenn auch nicht so oft, wie meine Schwester glaubte. Wenn ich den Aufwand, den sie betrieb, um pünktlich zu sein, mit dem Aufwand vergleiche, den ich betrieb, finde ich noch heute, dass ich ganz gut abschneide. Denn sie hat die gesamte Kraft und Energie eines jeden Morgens auf ein einziges Ziel verwendet: pünktlich und gemächlich in die Schule zu kommen. Während ich meine morgendliche Kraft schon diversen Dingen gewidmet hat, auch wenn es Dinge waren, an die ich mich nicht erinnern kann.

Nur einen kleinen Teil der morgendlichen Energie widmete ich der Pünktlichkeits- und Schulvorbereitungsfrage. Dafür hatte ich bei Ankunft in der Schule schon mindestens drei Adrenalinausschüttungen, einen Sprint und einen Schweißausbruch hinter mir und außerdem jede Menge Dinge von meiner Prioritätenliste abgearbeitet.

Wenn ich trotz der Anstrengung zu spät in den Unterricht kam, sagte ich sehr routiniert den Satz, den Zuspätkommer zu sagen hatten: »Entschuldigen Sie bitte, dass ich zu spät komme.« Ich musste diesen Satz allerdings nicht ganz so oft sagen, wie ich zu spät kam, denn meist war nicht nur ich zu spät dran, sondern auch der Lehrer. Ich hatte nicht das gleiche Ziel wie meine Schwester. Ihr Ziel war, möglichst lange vor dem Klingeln in der Klasse zu sein. Mir genügte es, möglichst kurz vor dem Lehrer anzukommen und dann so zu tun, als säße ich schon eine Weile auf meinem Platz. Mein morgendlicher Wettlauf war also kein Wettlauf gegen die Schuluhr, sondern ein Wettlauf gegen die Unpünktlichkeit des jeweiligen Lehrers.

Ich hatte schnell gelernt, wie viele Minuten welcher Lehrer am Morgen zu spät zu kommen pflegte. Wenn Frau Bohn (Deutsch und Mathe) die erste Stunde gab, musste ich eine Minute nach der Schulklingel in der Klasse sein. Wenn Herr Schikorra (Musik) die erste Stunde gab, hatte ich fünf Minuten Zeit. Am besten lief es, wenn die erste Stunde eine Sportstunde war, denn dann hatte ich bis zu zehn Minuten Zeit, weil ich meinen Rückstand in der Umkleidekabine wieder rausholen konnte. Denn Aus- und Anziehen konnte ich mich ja, wie gesagt, schneller als andere Kinder.

In der dritten Klasse schloss ich eine große Freundschaft mit Uta. Die Eltern von Uta waren bei der Pünktlichkeitserziehung so erfolgreich, wie meine Mutter es bei meiner Schwester war. Uta wohnte in der Langen Straße. Die war gleich neben der Breiten Straße. Und weil Frauen, auch wenn sie erst neun Jahre alt sind, es lieben, auch kurze Wege gemeinsam zu gehen, nahm ich mir vor, morgens mit meiner Freundin Uta zusammen zur Schule zu gehen.

Eine Weile klappte das auch sehr gut. Wir trafen uns an der Ecke Kröpeliner Straße/Rungestraße, an der unsere Schulwege sich kreuzten, und gingen die letzten 100 Meter zusammen zur Schule. Anders als meine Schwester wartete Uta durchaus mal eine Minute darauf, ob ich noch rechtzeitig genug um die Ecke gerannt kam. Doch unendlich war auch ihre Geduld nicht, denn Uta wollte nicht nur nicht zu spät kommen, wie ich, sie kam auch nicht zu spät.

Zu spät fühlte sich Uta schon zu einer Zeit, zu der ich vor unserer Freundschaft noch im Schlafanzug war. Sie war so pünktlich wie meine Schwester. Allerdings liebte ich es sehr, vor der Schule mit Uta die wichtigen Dinge des bevorstehenden Tages zu besprechen, bevor wir uns in die Niederungen des Rechnenlernens begaben. Beim Plaudern gingen wir untergehakt. Uta und unserem 100 Meter langen gemeinsamen Schulweg zuliebe nahm ich mir mit neun Jahren das erste Mal in meinem Leben vor, ein pünktlicher Mensch zu werden.

Die Pünktlichkeitsepisode in Klasse 3 war eine kurze, aber prägende Erfahrung. Wenn ich mit Uta zur Schule ging, waren wir immer sehr früh in der Klasse. Es war ein geradezu verschwenderisches Gefühl, so dazusitzen und auf den Beginn des Tages zu warten. Ich fühlte mich irgendwie gar nicht richtig wach ohne den Morgensprint, ohne die Angst, später als der Lehrer einzutreffen.

Ich saß in meiner Bank und schaute in die Neonlampen mit ihrem großen, hellen Strahlenkranz, der so ähnlich aussah wie der Kranz, den die Straßenlaternen trugen, wenn ich vom Schwimmtraining kam und meine Augen vom Chlor leicht verätzt waren. Diese optische Täuschung erschien meinen Augen auch dann, wenn sie unter Adrenalinentzug litten. Ich packte die Federtasche aus und stapelte die Bücher und Hefte für die erste Stunde auf dem Tisch. Ich sah den anderen Schülern beim Ankommen und Auspacken zu.

Ich hätte auch Zeit gehabt, etwas zu verschnaufen. Doch das war gar nicht nötig, weil wir ja ganz langsam zur Schule gegangen waren. Um es kurz zu machen: Ich fand nach relativ kurzer Zeit, dass es eine ziemliche Zeitvergeudung war, als eine der Ersten in der Klasse zu sein. Und zu Hause blieben so viele Dinge unerledigt, während ich hier herumsaß und wartete, bis alle Schüler und zum Schluss der verspätete Lehrer im Klassenzimmer angekommen waren. Der Adrenalinmangel, das Warten und das Betrachten der Neonlichtkringel machten mich müde, bevor der Unterricht auch nur begonnen hatte.

Darum habe ich es nicht lange durchgehalten. Obwohl es schön war, vor der Schule mit Uta zu plaudern, erschien mir das Opfer groß, viele Minuten zu früh in der Schule zu sein, anstatt diese Minuten darauf zu verwenden, die vielen Dinge zu erledigen, an die ich mich nicht erinnere. Es war einfach nur schade um die verwartete Zeit.

Meine Einstellung zum Warten und zur Zeit hat sich jahrzehntelang nicht geändert, und fast alle Weichen, die mir das Leben so stellte, bestärkten diese Einstellung: Wer zu früh kommt, den bestraft das Leben, denn er verschenkt kostbare Zeit. Im Winter haben pünktliche Leute (jedenfalls wenn sie wie ich im Osten aufgewachsen und in Berlin gestrandet sind) immerzu kalte Füße, weil sie auf unpünktliche Busse, auf unpünktliche Bahnen und auf unpünktliche Verabredungen warten müssen. Und sie sind beim Warten der Langeweile ausgeliefert. Die Unpünktlichen hingegen können, statt zu warten, viele wichtige Dinge erledigen, bevor sie (auf den letzten Drücker) die Bahn, den Bus oder den Treffpunkt erreichen. Und sie haben vom Rennen immer warme Füße.

Trotz (vielleicht auch wegen) dieser Einstellung zur Zeit schaffte ich das Abitur und ein Studium. Zeittechnisch empfand ich die Universität als angenehme und menschenfreundliche Einrichtung. Da war nicht nur plötzlich das real existierende akademische Viertel, das Studenten geradezu zur Unpünktlichkeit verpflichtete. Da waren außerdem Tausende Mitstudenten, die sich in Sachen Unpünktlichkeit über das akademische Viertel hinaus gegenseitig zu übertrumpfen versuchten. Und da waren schließlich die Professoren, denen es, anders als meinen Schullehrern, gänzlich egal zu sein schien, ob die Hundertschaften, vor denen sie ihre Vorlesungen herunterleierten, von Anfang an zuhörten oder erst nach einer Weile dazustießen und nach einer Weile wieder gingen.

Passenderweise studierte ich Volkswirtschaft. Das Studium unterfütterte mein bisher rein intuitives Verhältnis zur Zeit mit Theorie. Ich lernte, dass Zeit nicht nur dazu gut ist, vor der Schule Dinge zu tun. Ich lernte, dass Zeit ein Äquivalent zu Geld ist. Meine Abneigung gegen das Warten bekam somit eine ökonomische Dimension. Warten war nicht nur Zeitverschwendung, sondern auch Geldverschwendung. Und vielleicht ist es kein Zufall, dass ich mich unmittelbar nach dieser Erkenntnis in einen echten Schwaben verliebte.

Wir waren uns sehr ähnlich – jedenfalls was unser Verhältnis zu Geld und Zeit anbelangte. Viele Jahre prüften wir, ob unsere gegenseitige Toleranz ausreicht, um einander auszuhalten. Wir prüften natürlich auch, wie viel Verspätung wir uns wechselseitig zumuten konnten. Um es kurz zu machen: Es waren harte Prüfungen, bei denen wir kaum eine Gelegenheit ausließen, gemeinsam oder allein zu spät zu kommen. Dann heirateten wir. Zu unserer eigenen Hochzeit erschienen wir pünktlich. Obwohl die Einladungen zur Feier deutlich zu spät in die Post gegangen waren.

Mit dem Studium endete die angenehme Phase des akademischen Viertels. Allerdings schaffte ich es noch als Studentin, beruflich einen Weg einzuschlagen, der meinem Zeitgefühl entgegenkam. Mit viel Glück avancierte ich zur freien Mitarbeiterin des Heidelberger Lokalblättchens, der »Rhein-Neckar-Zeitung«. Hier war die Welt noch in Ordnung, hier wurden die Jubiläen noch richtig gefeiert, und Jubilaren wurde gratuliert. Und die gewogenen Worte der Gratulanten, der Vereinsvorstände, der stellvertretenden Bürgermeister oder Stadtwerksdirektoren wurden von Journalisten mit Schreibmaschinen in die Stadt hinausgetragen, wenn auch meist Tage verspätet. Ich durfte gleich richtig mitmachen und den 30. Geburtstag der Albert-Schweitzer-Hauptschule in Heidelberg-Pfaffengrund in Bleisatz verewigen.

Zu diesem meinem ersten Termin erschien ich nicht nur extrem aufgeregt, sondern auch auf den letzten Drücker. Als ich den Schulhof betrat, begrüßte mich ein wildfremder Mann mit den Worten: »Ach, da ist ja die Presse.« Jahrelang habe ich mich gefragt, wie der Mann das wissen konnte. Ich bildete mir ein, ein Pressegesicht zu haben, eine besonders legere, überlegene Ausstrahlung, einen kritischen Blick. Die Bemerkung des Fremden hatte zur Folge, dass ich mich für meine Berufsentscheidung geradezu prädestiniert fühlte, denn man sah ihn mir ja an.

Erst sehr viel später wurde mir klar, dass der Mann nicht hellsichtig war und ich vielleicht doch keine journalistische Aura hatte. Ich hatte mir einfach nur herausgenommen, zu spät zu erscheinen. Und dieser Mann wusste, was ich erst noch lernen musste, nämlich dass fast alle Journalisten unpünktlich sind. Warum das so ist, kann ich bis heute nicht erklären. Vielleicht liegt es an ihrer Lässigkeit, die sie mit ihrer Nähe zur Macht rechtfertigen, vielleicht hat es auch damit zu tun, dass die meisten grün oder rot wählen und darum progressiv genug sind, um Sekundärtugenden wie die spießige deutsche Pünktlichkeit zu missachten. Obwohl die Unpünktlichkeit bei mir viel einfachere, nämlich genetische Gründe hat, passte der Beruf zu mir, zu meinem Verhältnis zur Zeit anderer Leute und zu dem Mann, den ich geheiratet hatte.

Viele Jahre lang fanden wir beide, dass es extrem elitär ist, Zeitdiktate zu missachten. Lange fühlten wir uns wie Zeit-Autonome. Aber eines Tages merkten wir, dass es außerdem auch sehr, sehr anstrengend ist. Das muss etwas mit der Entscheidung zu tun gehabt haben, den behaglichen Süden Deutschlands gegen Berlin einzutauschen. Ein bisschen mag es auch mit dem Alter zu tun gehabt haben und mit der im Alter abnehmenden Stressresistenz.

Aber bestimmt auch mit Berlin. Hier lernten wir eine neue Dimension der Unpünktlichkeit kennen, die fremdbestimmte Unpünktlichkeit. Wenn man in Heidelberg oder Stuttgart zu spät kam, war man selbst schuld. In Berlin kam man andauernd zu spät, weil andere schuld waren: die anderen Autonomen mit ihren Demos, die S-Bahn mit ihren Verspätungen, die U-Bahn mit ihrem Ersatzverkehr.

Wir fanden damals, dass es einen Riesenunterschied

macht, ob man zu spät kommt, weil man selbst die Zeit anderer missachtet, oder ob man zu spät kommt, weil der Staat oder die Bundesbahn die Zeit von Bürgern missachtet.

Mein positives Verhältnis zur Unpünktlichkeit verlor ich erst, als ich strukturell zur Wartenden wurde: als Mutter. Ich lernte, dass Kinder sich nicht beeilen können. Auch meine Kinder können sich nicht beeilen, was mich irgendwie noch immer wundert, weil ich selbst doch als Kind immer so fix war.

Ich lernte auch, dass sich Mütter nicht beeilen können. Als die Kinder noch zu klein waren, um sich selbst nicht beeilen zu können, lernte ich, dass es zwecklos war, Zeitpläne zu erstellen, wenn man sich auf den langen Weg zum Kinderarzt drei Straßen weiter oder zum Spielplatz um die Ecke machte. Der Weg zum wöchentlichen Treff mit meinen Mütter-Freundinnen, bei dem ich sogar die Grenze meines Berliner Heimatbezirks passieren musste, kam mir vor wie eine Reise in den Jahresurlaub.

Es war ja schon schwer genug, die kleinen Arme und Beine in die kleinen Ärmel und Hosenbeine zu quetschen, vor allem wenn die kleinen Arme nicht gequetscht werden wollen, sondern sich mit großer Kraft und fast unmenschlichem Gebrüll dagegen wehren. Wenn ich mich dann aber mit meiner körperlichen Überlegenheit durchgesetzt hatte, ging es weiter: Es wurde sich auf frische Babyjacken erbrochen. Es wurde in frische Windeln gekäckert, es wurde beim Windelnwechseln noch einmal mit den frisch gebadeten Füßen und Händen in den Windelinhalt gelangt und dieser auf der soeben gewechselten Jacke verteilt. Es gab kurz vor dem Aufbruch Anfälle von Hunger, Durst, Husten und spontanen Fieberattacken. Und so schafften es meine Töchter eigentlich immer, einen Besuch beim Kinderarzt oder auf dem Spielplatz zur Schinderei ausarten zu lassen, zu der man abgehetzt und natürlich verspätet erschien.

Aber ich wurde nicht nur zur wartenden Mutter, sondern auch zur wartenden Haus- und Ehefrau. Ich fing an, den Vater der Kinder zu erwarten. Ich fing an, mich an seiner Unpünktlichkeit zu stören. Ich fand es plötzlich überhaupt nicht mehr autonom, sondern einfach nur ziemlich unverschämt, dass er sich meinem Zeitdiktat nicht unterwerfen wollte und, statt pünktlich nach Hause zu kommen, im Büro herumsaß. Denn ich wusste ja, was er dort tat: irgendwelche Dinge erledigen. Bald hatte sich unsere elitäre Beziehung in eine frustrierte Ehe verwandelt.

Als sie dann beendet war, suchte ich Rat bei einer Therapeutin. Immer dienstags um 9 Uhr saß ich in ihrem Patientensessel. Besser gesagt: Immer dienstags um 9 Uhr hätte ich in ihrem Patientensessel sitzen sollen. Meist aber nahm ich mir das akademische Viertel heraus.

So kam es, dass ich weiter über Pünktlichkeit reden konnte, denn fast jede Dienstagssitzung begann meine Therapeutin mit der Suche nach der seelischen Ursache meiner Verspätung. Ich erklärte ihr ein ums andere Mal, dass meine Unpünktlichkeit eine Mischung aus Trauerarbeit und Veranlagung sei. Sie glaubte mir nicht, sprach von innerer Weigerung, von Unreife und frühkindlicher Störung. Wir beide hatten jahrelang das Gefühl, nicht aneinander »heranzukommen«. Eines Dienstags aber kam sie an mich heran.

Ich hatte nicht nur die Neun verfehlt, sondern auch das akademische Viertel, und zwar deutlich. Doch diesmal versuchte sie gar nicht erst, therapeutisch an mich heranzukommen. Zu Beginn unserer nur noch halben Sitzungsstunde überreichte sie mir eine Rechnung und sagte: »Meine Zeit ist zu kostbar, um auf Sie zu warten.« So einfach gelang ihr, was sie jahrelang vergeblich versucht hatte: Sie kam an mich heran, sogar gleich dreifach: als sparsame Mecklenburgerin, als Exfrau eines sparsamen Schwaben und als Volkswirtin. Ich bezahlte ihre Forderung anstandslos und fasste einen guten Vorsatz: Ich wollte zur Schonung meiner seelischen Gesundheit, über die ich hier so viel gelernt hatte, sorgsamer mit der Zeit umgehen. Ich wollte mir für die Dinge, die ich zu erledigen hatte, mehr Zeit nehmen. Ich wollte weniger Dinge erledigen. Ich wollte pünktlich werden.

Ich kam nie wieder zu spät zu einer therapeutischen Sitzung. Es dauerte dann nicht mehr lange, bis meine Therapeutin mich für geheilt erklärte. Bis heute frage ich mich, wie es auf ihr berufliches Selbstbewusstsein gewirkt haben muss, den seelischen Zugang zu mir über den Umweg der Ökonomie gefunden zu haben.

Doch wo Heilung ist, da ist auch Rückfall.

Den letzten schweren Rückfall erlebte ich im Früh-
jahr. Ich musste nach Zagreb reisen, und zwar dienstlich.
Die Verbindung war gut, trotz eines Zwischenstopps in
München. Ich hatte dort, in München, nur eine halbe
Stunde zu warten. Zu wenig Zeit, um was Richtiges anfangen zu können, aber zu viel Zeit, um sich nicht doch
ein bisschen zu langweilen. Um der Langeweile zu ent-
gehen, absolvierte ich den Weg zum nächsten Abflug-
Gate so schlendrig, wie ich konnte.

Dann entdeckte ich einen Benetton-Shop. Ich freute mich. Normalerweise finde ich Shoppen langweilig,
aber hier passte es. Hier wollte ich plötzlich stöbern.
Denn fünf Minuten bei Benetton zu stöbern ist schöner
als fünf Minuten Langeweile.

Und dann nahm die Katastrophe ihren Lauf. Denn
beim Stöbern passierte es, dass mich das Zeitgefühl
verließ. Nach gefühlten fünf Minuten war eine halbe
Stunde vergangen. Und das Flugzeug war abgeflogen,
als ich gerade eine weiße Kinderhose und einen marine-
blauen Baumwollpullover (für mich) bezahlte.

Das Flugzeug hatte nicht auf mich gewartet. Es
hatte sich im Gegensatz zu mir auch nicht verspätet. Es
war pünktlich und ganz ohne mich abgeflogen. Und
das Schlimmste war, dass ich allein war, dass es also
niemanden gab, dem ich die Schuld geben konnte.

Da verstand ich, dass es Dinge gibt, die stärker sind
als der stärkste Vorsatz und auch stärker als ich.

FUSS VOM GAS

Wie die beste Autofahrerin der Welt genug hatte von Punkten und Strafzetteln, die Punkte und Strafzettel aber nicht genug von der besten Autofahrerin der Welt

Für Expolizeipräsident Glietsch

Ich fahre richtig gut Auto, jedenfalls wenn ich den Paragrafen 1 der Straßenverkehrsordnung als Maßstab für gutes Fahren anlege. Als ich meinen Führerschein machte, fasste ich eine spontane Zuneigung zu diesem Paragrafen. Ich merkte mir jedes einzelne Wort und kann ihn noch heute auswendig. Für meinen Geschmack ist er ein Paradebeispiel für nützliche und verständliche Gesetzgebung. Er geht so:

1) Die Teilnahme am Straßenverkehr erfordert ständige Vorsicht und gegenseitige Rücksicht.
2) Jeder Verkehrsteilnehmer hat sich so zu verhalten, dass kein anderer geschädigt, gefährdet oder mehr, als nach den Umständen unvermeidbar, behindert oder belästigt wird.

Trotz meiner Sympathie für ständige Vorsicht und gegenseitige Rücksicht kam ich, solange ich Auto fahre, immer wieder in Konflikt mit den Auslegern und Exekutoren dieses Paragrafen. Ordnungsämter, Verkehrspolizei und sämtliche Polizeipräsidenten dieses Landes scheinen sich gegen mich verschworen zu haben. Ich bin mir außerdem ziemlich sicher, dass die örtlichen Verkehrsüberwacher und das Verkehrszentralregister in Flensburg einen Komplott gegen mich geschmiedet haben. Denn obwohl ich so gut und so vorsichtig und so rücksichtsvoll Auto fahre und obwohl ich im Straßenverkehr weder behindere noch belästige noch schädige oder gefährde, hatte ich eigentlich nie ein leeres Punktekonto in Flensburg. In meinem Monatsbudget plane ich neben den festen Kosten für Strom und Heizung, Wasser und Putzfrau, für Lebensmittel und Müllabfuhr auch ein mehrstelliges Budget für Strafzettel jeder Art sowie für Bagatell-Blechschäden ein. Und jeden Monat reift neben dem Ärger über die Straßenverkehrsbehörden auch mein Ärger über mich. Ich nehme mir Monat für Monat vor, noch vorsichtiger und rücksichtsvoller zu fahren, noch mehr auf die Verkehrsregeln und die Verkehrsregelüberwacher zu achten als bisher.

Ich erinnere mich beim besten Willen nicht mehr an alle echten und vermeintlichen Vergehen, für die ich mit einem Punkt in Flensburg bestraft wurde. Aber an meinen allerersten Punkt erinnere ich mich sehr deutlich. Er hinterließ bei mir das gleiche Gefühl wie fast alle anderen Punkte und Bußgeldbescheide: das Gefühl, dass hier gegen eine harmlose und eigentlich vorbildliche, vor allem aber gegen eine vernünftige Verkehrsteilnehmerin und Steuerzahlerin gnadenlos zu Gericht gezogen wird.

Meinen ersten Punkt kassierte ich nur sechs Monate nach bestandener Führerscheinprüfung. Mein metallicgrüner Peugeot 104 (fünf (!) Türen. Getönte (!) Scheiben) und ich waren das erste Mal ohne Fahrlehrer auf der Autobahn zwischen Heidelberg und Mannheim unterwegs. Auf der nur 15 Minuten langen Fahrt geriet ich in einen sogenannten Geschwindigkeitstrichter, der die freie Fahrt freier Bürger allmählich auf Baustellenniveau herunterdrosselt. An sich eine sehr vernünftige Sache.

Doch leider übersah ich das letzte Schild des Trichters und fuhr mit 60 Sachen in einen Tempo-30-Abschnitt. Warum ich dieses Schild übersah, weiß ich nicht. Vielleicht habe ich mich im falschen Moment an der Nase gekratzt, vielleicht schaute ich gerade auf den Tachometer, um zu prüfen, ob ich auch wirklich nicht schneller als 60 fahre, oder in den Rückspiegel, um nachzusehen, ob niemand auf mich und meine Bremslichter aufzufahren droht. Vielleicht war es auch simple Reizüberflutung, verursacht durch die vielen geschwindigkeitsbegrenzenden Schilder, die ich davor schon zu beachten hatte.

Wahrscheinlicher aber ist die Vermutung, die ich schon damals hatte, nämlich dass es sich um selektive

Wahrnehmung handelte: In der Annahme, dass weniger als 60 auf der Autobahn nicht existieren kann, nahm ich die Existenz eines Tempo-30-Schildes einfach nicht wahr. Es rauschte durch meinen Wahrnehmungsfilter. So, wie man ja auf der Autobahn auch nicht mit einem Spielstraßen-Hinweis rechnen muss und in einer Spielstraße nicht mit einem Tempo-120-Verkehrsschild. All das ist unvernünftig.

Als ich dann plötzlich, das erste Mal in meinem Leben, dieses rote Blitzen in meinen Augen sah, hatte ich noch nicht einmal ein schlechtes Gewissen, vermutlich weil mein tiefes Vertrauen in Paragraf 1 der Straßenverkehrsordnung noch gänzlich ungetrübt war. Ich fand eine Geschwindigkeit von 60 Stundenkilometern mitten auf einer deutschen Autobahn auch in dieser Situation vorsichtig und rücksichtsvoll, dazu weder behindernd noch belästigend. 60 Stundenkilometer auf einer Autobahnbaustelle erschienen mir, um es mit einem Wort zu sagen: vernünftig.

Doch schon bei diesem ersten Autobahnfoto und meinem allerersten Punkt lernte ich, dass Vernunft nicht das richtige Wort ist, wenn es um Bestrafung im Straßenverkehr geht.

Ein paar Wochen nach der Fahrt von Mannheim nach Heidelberg erhielt ich Post vom Heidelberger Polizeipräsidenten. Er legte das Foto von mir bei. Es war ein schlechtes Foto. Mein Gesicht schimmerte weiß, aber hoch konzentriert hinter der Frontscheibe, meine Hände ruhten in vorbildlicher Zehn-vor-zwei-Haltung auf dem Kunstlederlenkrad meines Peugeot 104, dessen metallicgrüne Lackierung auf dem Schwarz-Weiß-Foto leider wenig Wirkung entfalten konnte. Auch eine Zahlungsaufforderung über eine aus Studentensicht astronomische Summe hatte der Mann seinem Schreiben hinzugefügt.

Ich hatte kein Unrechtsbewusstsein. Und ich hatte keine Erfahrung im Umgang mit Verkehrsbehörden. Anstatt die Rechnung einfach zu bezahlen, entschied ich mich für den umständlichen Weg: Ich antwortete dem Polizeipräsidenten. Ich feilte lange an meinen Erklärungen, weil ich sichergehen wollte, dass er mich versteht, von Mensch zu Mensch sozusagen.

Ich erklärte dem Mann, dass dieses Tempo-30-Schild ein amtlicher Irrtum sein müsse. Ich teilte ihm meine Beurteilung mit, derzufolge Tempo 30 auf der Autobahn zu nichts führe als zu vermeidbaren Behinderungen und Belästigungen in Form von Staus, Auffahrunfällen und Verkehrsblitzern. Tempo 60 sei, so schrieb ich, eine absolut angemesse Geschwindigkeit für eine Baustelle auf der Autobahn. Ich hielt auch mit einem Verweis auf Paragraf 1 der Straßenverkehrsordnung nicht hinterm Berg, denn ich dachte, in der Zuneigung zu diesem Paragrafen würden wir zwei zueinanderfinden. Zwei DIN-A4-Seite lang führte ich jede Menge Argumente auf, die alle auf dasselbe hinausliefen: einen Appell an die behördliche Vernunft.

Es dauerte ein paar Monate, ehe der Polizeipräsident Zeit zu einer Antwort fand, was mich nicht wunderte. Ich ging fest davon aus, dass sich nun mehrere kompetente Verwaltungsbeamte, unter ihnen gewiss sogar einige Juristen der Grundsatzabteilung, mit dem Kasus befassen würden. Und ich fand es nur normal, dass dies etwas Zeit in Anspruch nehmen würde. Immerhin hatte ich ja sehr grundsätzlich argumentiert, als ich seiner Behörde Unvernunft vorgeworfen und Vernunft eingefordert hatte.

Als ich schließlich seinen Antwortbrief in Händen hielt, zitterte ich ein bisschen vor Erregung. Doch der Brief hat mich sehr schnell ernüchtert. Es handelte sich um ein dürres Formschreiben, um einen Vordruck von der Sorte, die nicht einmal eine Unterschrift wert ist und stattdessen den Hinweis enthält, dass das Schreiben auch ohne Unterschrift gültig ist.

Meinem Widerspruch werde nicht stattgegeben, stand dort. Stattdessen erhielt ich einen Punkt in Flensburg und einen um 25 D-Mark erhöhten Bußgeldbescheid. Mit diesem Geld, schrieb mir der Mann, werde der Verwaltungsmehraufwand gedeckt, den die Bearbeitung meines Widerspruchs verursacht habe.

Ich frage mich bis heute, wie sich dieser Aufwand erklärt. Damals erhielt ein qualifizierter Handwerker für eine Arbeitsstunde einen Lohn von ungefähr 25 D-Mark. Dafür musste er allerdings eine Stunde lang arbeiten, möglichst mit sichtbarem Ergebnis. Was hier passiert war, beschränkte sich auf das Eintüten eines DIN-A4-Vordrucks in ein Kuvert aus Umweltpapier und dessen Maschinenfrankierung. Wer immer diese

Arbeit erledigt hatte, sie dürfte nicht länger als zwei Minuten gedauert haben. 25 D-Mark für zwei Minuten macht hochgerechnet einen Stundenlohn von 750 D-Mark, also ungefähr so viel, wie ich als Studentin im Monat zur Verfügung hatte.

Es muss sich also um eine ziemlich hoch qualifizierte Person gehandelt haben, die für zwei Minuten Büroarbeit so hohe Kosten verursacht hat. Vermutlich hat der Polizeipräsident selbst diese Arbeit erledigt. Aber eins ist sicher: Er hat sich jedenfalls nicht die Mühe gemacht, sich mit meinen sorgfältig zusammengetragenen Argumenten auseinanderzusetzen. Stattdessen erhielt ich einige Tage später eine amtliche Einladung zur Führerschein-Nachschulung.

Fairerweise muss ich erwähnen, dass der Standardbrief auch den Standardhinweis enthielt, dass ich gegen den Bußgeldbescheid Einspruch beim Verwaltungsgericht einlegen dürfe. Doch Satz zwei dieses Hinweises schreckte mich seinerzeit ab, denn er belehrte mich darüber, dass die Kosten eines Gerichtsverfahrens der Unterlegene zu tragen habe. Wie leicht es war, gegenüber einer Behörde zu unterliegen, wie wenig sie sich von vernünftigen Argumenten beeindrucken ließ, war mir allerdings gerade vor Augen geführt worden. Mein kindliches Vertrauen in den Rechtsstaat war einer gewissen Bösgläubigkeit gewichen. Wer konnte mir denn versichern, dass ich vom Verwaltungsgericht das mir zustehende Recht bekommen würde? Vielleicht bekäme ich wieder nur einen Standardbrief und einen weiteren

Verwaltungskostenmehraufwandbescheid? Mir war sofort klar, dass ich strukturell unterlegen war.

Ich ahnte, dass ich bis zum Bundesverfassungsgericht hätte klagen müssen. Und wie ausgeprägt die Vernunft dort sein würde, stand in den Sternen. Obwohl ich von Natur aus ein Prinzipienreiter bin, schrieb ich meine demokratischen Bürgerrechte in den Wind. Anstatt den Rechtsstaat auf eine persönliche Probe zu stellen, suchte ich mir einen Job als Kellnerin. Es stellte sich bald heraus, dass dies die richtige Entscheidung war, denn es blieb nicht bei diesem einen Bußgeldbescheid, und um meinen finanziellen Mehrbedarf als Autofahrerin zu decken, brauchte ich den Job als Kellnerin.

Ich muss zugeben, dass dieses Ur-Erlebnis mit den deutschen Verkehrsbehörden mein Vertrauen in die Straßenverkehrsverwaltung nicht gerade gestärkt hat.

Wenige Monate später wurde auf meinem Flensburger Konto ein zweiter Punkt gutgeschrieben. Wieder geschah es auf der Autobahn, und wieder hatte ich keinerlei Unrechtsbewusstsein.

Ich war auf dem Weg in ein romantisches Wochenende in Bad Lauterbach im Harz und hatte Stunde um Stunde im Stau gestanden. An diesem Wochenende lernte ich, dass Staus nicht nur Zeit, sondern auch Kraft, Nerven und Konzentration fressen. Als die Bahn endlich wieder frei war, als ich voller angestauter Ungeduld und Vorfreude auf ein heftig erwartetes und durch Staus hinausgezögertes Wiedersehen mit meinem damaligen neuen Freund, späteren Mann und heutigen

Exmann war, als mein Fuß seit Stunden das erste Mal wieder das Gaspedal betätigen durfte, da blitzte es erneut.

Wiederum wusste ich gar nicht, wie mir geschehen war. Erst aus dem Brief des Polizeipräsidenten von Göttingen erfuhr ich, dass ich 120 Stundenkilometer gefahren war, obwohl nur 100 erlaubt waren. Da wusste ich, dass die Autobahn nicht meine Straße ist. Noch bevor die Führerschein-Probezeit zu Ende war, hatte ich etwas fürs Leben gelernt: Die berühmte deutsche Autobahn, die Lieblingsstraße aller europäischen Porsche- und Ferrarifahrer, weil hier angeblich keine Geschwindigkeitsbegrenzung gilt, ist doch nichts als ein Fake. Sie ist ein Parcours immerzu wechselnder Geschwindigkeitsbeschränkungen, den man nur dann bestehen kann, wenn man seine Vernunft und seine Vorfreude auf ein romantisches Wochenende ausschaltet.

Alle Verkehrsteilnehmer, denen dieses Fahren mit Tunnelblick nicht gelingt, werden durch die Autobahn eigentlich nur dazu verleitet, sich irrtümlicherweise frei zu fühlen. Wer sich aber auf der deutschen Autobahn frei wie der Wind fühlt, wird am Ende der freien Fahrt nichts gewonnen haben als teure Fotos in mieser Qualität und unangenehme Korrespondenz mit ignoranten Behördenchefs. Niemand außer den Gebührenstellen kann an dieser Straße Freude haben.

Seither empfinde ich Fahrten auf der Autobahn als puren Kampf. Jedes Fitzelchen Konzentration, das mir Wind, Wetter, Staus, Kinder und die anderen Autos

lassen, verwende ich auf zwei Dinge: auf geschwindig-
keitsbeschränkende Verkehrsschilder und auf am Stra-
ßenrand sichtbar werdende Blitzmaschinen.

Ich habe in den folgenden Jahren dennoch viele
weitere Punkte und ungezählte Bußgeldbescheide auf
deutschen Autobahnen erhalten, aber etlichen Bestra-
fungen bin ich auch entgangen, weil ich den Blitzer
früher sah, als er mich und eine Vollbremsung auslösen
konnte, egal wie schnell ich gerade unterwegs war. Ich
hatte ja gelernt, dass weder das Gefühl, alle Regeln von
Paragraf 1 beachtet zu haben, noch ein gutes Gewissen
in Bezug auf die zur Kenntnis genommenen Verkehrsschilder reicht. Sehe ich einen Blitzer, gehe ich in die
Eisen! Immer!

Vielleicht war diese Erfahrung auch der Grund,
warum ich nach Berlin zog. Denn hier gibt es kein Um-
land, in das man nur über verführerische Autobahnen
gelangen kann. Zwar gibt es eine Stadtautobahn, aber
mehr als 80 darf hier nirgends gefahren werden. Meine
Blitzquote sank in Berlin spürbar, wenn auch nicht auf
null.

Doch auch in Berlin pflegte ich zunächst eine feste
Korrespondenz mit dem Polizeipräsidenten. Er schrieb
mir regelmäßig. Es störte ihn, dass ich parkte, wann ich
parkte, wo ich parkte und wie ich parkte. Er tat viel,
um mir mein Leben schwer zu machen, und ich musste
immerzu lernen. Ich lernte auf der Bismackstraße, dass
es Straßen gibt, auf denen man um neun Uhr ausge-
parkt haben muss, obwohl man erst um elf im Büro

sein muss. Ich lernte in der Behrenstraße, dass sich sichere Parkplätze über Nacht in Halteverbotszonen verwandeln können, weil sich eine Demo entschieden hatte, hier entlangzugehen. Ich lernte in der Schloßstraße, dass man Einkaufsstraßen in Durchfahrtsstraßen ohne Parkmöglichkeiten umbauen kann. In der Schloßstraße kann man zwar noch immer einkaufen, aber man kommt besser ohne Auto her.

Und wenn das nicht geht, weil man zum Beispiel einen Flachbildfernseher oder eine neue Kaltschaummatratze kaufen will oder weil man so etwas Exotisches wie kleine Kinder hat, die längere Fußmärsche zum legalen Parkplatz mit Quengel-Arien begleiten, dann sollte man in der Schloßstraße einfach auf der rechten Fahrspur parken und das sichere Ticket als Preis des Einkaufs von Anfang an einkalkulieren.

Und in meiner eigenen Straße, in der ich wohne, schlafe, lebe und meinen Kindern beim Heranwachsen zu ehrlichen deutschen Steuerzahlern zusehe, lernte ich, dass ich auch vor meiner eigenen, von mir selbst bezahlten Haustür nicht dort parken kann, wo Platz ist und wo ich gemäß Paragraf 1 der Straßenverkehrsordnung nicht störe, behindere, belästige, gefährde und schädige.

Selbst im verschlafensten Zipfel von Zehlendorf reicht es nicht, dass der unvernünftige Amtsgeist waltet. Er wird auch hier exekutiert: Ich darf mein eigenes Auto auch vor meiner eigenen Haustür nicht falsch herum parken. Falsch herum heißt, dass das Auto, auch wenn es steht, in Fahrtrichtung stehen muss. Mitten in der

Nacht, in der stillsten aller Berliner Wohnstraßen, in der außer mir und meinen Nachbarn niemand mit dem Auto fährt, stört sich die Polizei daran, wenn ich entgegen der Fahrtrichtung parke.

Als ich eines Morgens einen Strafzettel an meinem Scheibenwischer fand, wusste ich, dass der Polizei nicht nur im Raum Heidelberg die Vernunft abhandengekommen ist. Inzwischen hatte ich gelernt, dass es nichts nützt, Polizeibeamten mit vernünftigen Argumenten zu kommen, auch wenn es sich um sehr hoch qualifizierte Polizeibeamte handelt. Ich verkniff es mir also, eine erneute fruchtlose Korrespondenz loszutreten, auch weil ich mir die inzwischen in Euro deutlich teurer gewordenen Gebühren für den Verwaltungsmehraufwand bei der Bearbeitung meines Widerspruchs sparen wollte.

Außerdem, so redete ich mir ein, hat es doch auch etwas Gutes, wenn die Polizei in Zehlendorf sogar mitten in der Nacht vorbeipatrouilliert, um nach dem Rechten zu sehen.

Statt also Nerven und Zeit in einen überflüssigen Schriftwechsel zu investieren, überwies ich klaglos die geforderten 25 Euro und gewöhnte es mir an, mein Auto richtig herum zu parken, was mit der abends etwas schwach werdenden menschlichen Batterie und so kurz vor dem heimatlichen Hafen jedes Mal ein ziemlicher Kraftakt ist.

Weil die Straße zu schmal ist, um direkt vor meiner Haustür zu wenden, muss ich bis zur nächsten größeren Kreuzung vorfahren und dort zu einem Wendemanöver ansetzen, um dann, von der richtigen Seite, in unsere Straße zurückzugelangen. Erst dann parke ich.

Doch neulich, an einem Freitagabend, als ich nach einer langen Woche im Büro zu müde zu dieser letzten Kraftanstrengung und außerdem überzeugt davon war, dass die Polizei es am Wochenende würde gut sein lassen, lernte ich mal wieder, dass man die deutsche Polizei nicht unterschätzen sollte. Denn in dieser Freitagnacht rief mein Nachbar die Polizei.

Nicht weil er mich anzeigen wollte. Mein Nachbar ist Ingenieur, also an reibungslosen Abläufen und an Präzision interessiert. Vielleicht stört es seinen Sinn für Präzision, wenn das Auto der Nachbarin entgegen der Fahrtrichtung parkt. Der reibungslose zwischennachbarliche Ablauf ist ihm aber bestimmt wichtiger als der reibungslose Ablauf des stehenden Verkehrs. Woran man sieht, dass mein Nachbar eine Eigenschaft besitzt, die ich bei der deutschen Verkehrspolizei so schmerzlich vermisse: Vernunft.

Also: Mein Nachbar hatte die Polizei nicht gerufen, weil ich verkehrt herum stand. Sondern weil sein neues Auto geklaut worden war. Als die Polizei kam, nahm sie seine Daten auf – und meine gleich dazu. Seine Datenaufnahme blieb ohne Ergebnis, meine hingegen nicht. Denn die Polizei hat den Dieb nie gefangen. Dafür bekam ich mal wieder Post vom Polizeipräsidenten.

DAS PINKELVERBOT

Wie ich mir eine schlechte Angewohnheit abgewöhnte
und wieder angewöhnte

Für Katja

Schon immer habe ich gern gebadet. Am liebsten in der
Ostsee, an der ich quasi aufwuchs. Die Ostsee ist auch
schuld an einem Fehlurteil, dem ich lange anhing und
das ich erst ziemlich spät revidierte, das Fehlurteil nämlich, dass jedes Wasser, das nicht aus dem Wasserhahn
kommt, salzig ist.

Später badete ich auch in Seen. In der Nähe von
Heidelberg, wo ich studierte, gab es einige Baggerseen.
Und in Berlin, wo ich jetzt wohne, gibt es den Wannsee
und den Schlachtensee und noch viele andere Seen. All
diese natürlichen Süßwasserbecken waren mir anfangs
suspekt, weil das Wasser darin nicht salzig war. Auch
störte mich, dass man, wie an den Heidelberger Baggerseen, sein Badehandtuch auf einem Stück Rasen aus-
breiten musste, denn ich habe noch nie gern auf Rasen
gesessen, geschweige denn gelegen.

Es gibt ein Foto von mir, auf dem ich ungefähr anderthalb Jahre alt bin. Auf diesem Foto sitze ich im Gras und versuche, beide Füße hochzuheben, was ein bisschen jämmerlich aussieht, weil es mir nicht gelingt.

Der Rasen am Ufer der Heidelberger Baggerseen war, weil ich ein Handtuch dabeihatte, nicht ganz so unangenehm, aber in bester Erinnerung habe ich diese Seen dennoch nicht. Schlimmer als der Uferrasen süddeutscher Baggerseen ist der Uferdreck, den man am Schlachtensee in Berlin hinzunehmen hat. Dort gab es vor Tausenden von Jahren sicherlich auch mal Rasen. Heute aber ist der Rasen von deutlicher Übernutzung weg, wahrscheinlich einfach weggetrampelt.

Wer am Schlachtensee baden will, muss es nach dem Motto tun: Augen zu und durch. Wenn man erst einmal drin ist im Wasser, ist das Wasser des Schlachtensees ja doch recht erfrischend. Man muss natürlich immer sehr aufpassen beim Schwimmen wegen der Schlingpflanzen. Auch darum war mir das Wasser der Seen immer ein bisschen unheimlich. Es lag aber nicht nur daran. Es lag auch daran, dass Seewasser Süßwasser ist. Ich habe in meinem Leben viel Salzwasser aus der Ostsee geschluckt, aber einen Schluck aus dem Schlachtensee würde ich nie nehmen. Denn in Süßwasserseen ist nicht nur kein Salz, sondern auch kein Chlor, ein Umstand, der mir solche Seen unhygienisch erscheinen ließ. Zu Recht, wie ich gleich ausführen werde.

Ich badete auch immer gern in der häuslichen Badewanne. Als ich klein war, musste ich zusammen mit meiner Schwester baden, was mich aber nicht störte, denn nur zusammen konnten wir unsere Badewannen-spielchen spielen. Unser Lieblingsspiel hieß »Schaumi Schluck«. Dabei ging es darum, dass einer von uns den anderen mit Badeschaum einzupacken hatte, im Ge-sicht natürlich, und so lange, bis der andere zu ersticken drohte. Zuerst wurden die Augen eingepackt, damit man nicht sehen konnte, wohin die nächste Ladung Schaum gepackt wurde. Wenn man nichts mehr sah, musste man höllisch aufpassen und Mund und Nase verschließen, denn der Schaum konnte jeden Moment kommen.

Man musste immer zusehen, dass man viel Luft in der Lunge hatte. Diese Luft brauchte man, um den neu-en Schaum blitzartig wegzuschnauben, wenn er Mund und Nase traf. Irgendwann aber wurde das Loch, das man sich freipustete, immer kleiner, weil links und rechts immer mehr Schaum aufgetürmt wurde.

Bald war das Loch zu klein, um die Lungen mit reichlich Luft zu füllen, die man gebraucht hätte, um den neuen Schaum wegzuschnauben. Handeinsatz war verboten. Wenn man dann irgendwann beim Luftho-len Schaum in die Lunge bekam und husten musste, hatte man verloren. Das war zwar ein bisschen unange-nehm, aber ansonsten nicht schlimm, denn wenn man verloren hatte, war man selbst dran und durfte den an-deren mit Schaum einpacken. Wir spielten dieses Spiel stundenlang, jahrelang.

Meine Schwester weiß allerdings nicht, was ich unterdessen außerdem tat. Stunden im heißen, warmen, schließlich kühlen Badewasser gingen nicht spurlos an meiner Blase vorbei. Weil ich das schöne Spiel nicht unterbrechen wollte und weil es ja außerdem niemand merkte in all dem Schaum, pinkelte ich, wenn es sein musste, einfach ins Badewasser, anstatt unsere Wanne zu verlassen und die zwei Schritte bis zum Klo zu gehen.

In der Ostsee oder im Baggersee war die Sache sowieso klar. An den Stränden der Ost-Ostsee war das Pinkeln in die Ostsee so selbstverständlich, dass es an den meisten Stränden nicht einmal öffentliche Toiletten gab. Wenn ich mit meiner Freundin Uta am Strand lag, sagte ich zu ihr oder sie zu mir: »Ich muss mal. Ich geh mal schnell ins Wasser.« Das war völlig in Ordnung so.

Wenn ich mir heute die Menschenmassen vorstelle, die es beispielsweise am Strand von Warnemünde genauso taten wie ich, beschleichen mich doch Zweifel, vor allem in Bezug auf die Hygiene, auch wenn ich ziemlich sicher bin, dass das Salz der Ostsee eine desinfizierende Wirkung hat. Vielleicht sind die Zweifel daran die wahre Ursache dafür, dass ich, seit ich erwachsen bin, den Sandstrand von Warnemünde gegen den Steinstrand von Börgerende eingetauscht habe. Hier gibt es nur sehr wenige Mitbadende. Das macht den Strand so familiär und geradezu gemütlich. Außerdem gelingt es mir in Börgerende beim Baden mühelos, den Urin der anderen zu verdrängen.

Aber damals störte mich angesichts der Unendlichkeit der schönen grünblauen Ostsee das bisschen Menschenpipi nicht. Gar nicht. Auch nicht am übervollen Strand von Warnemünde.

Bleibt das Thema Schwimmhalle. Dieses Thema ist mir besonders peinlich. Darum will ich es schnell gestehen: Ja. Ich pinkelte auch ins Schwimmbad. Und zwar nicht zu knapp, denn ich war Schwimmerin. Bis zu meinem 18. Lebensjahr trainierten wir zweimal wöchentlich in der Schwimmhalle von Rostock. Wenn man während des Trainings mal musste, konnte man das Becken verlassen, durch mehrere dunkle und lange Gänge laufen, dabei versuchen, möglichst nicht auszurutschen, und sich dann auf die Mädchentoilette setzen.

Sowohl die Klobrille als auch der Boden dieser Toilette waren immer nass, und es blieb der Fantasie der Benutzer überlassen, sich vorzustellen, was für Flüssigkeit das war. Ich entschied mich dafür, die Flüssigkeit für Urin zu halten. Darum wählte ich die Alternative zum Mädchenklo: das Schwimmbecken.

Ich weiß nicht, warum ich es unendlich viel ekliger fand, mich auf eine möglicherweise urinverschmierte Klobrille zu setzen, und es stattdessen vorzog, in einer zweifelsfreien Urinmischung zu baden. Aber es war so. Nicht einmal die sichere Annahme, dass alle meine Trainingsgenossinnen und die Tausenden von Menschen, die öffentliche Schwimmbäder frequentieren, ebenfalls in dieses Wasser pinkelten, vermochte es, mich davon abzuhalten, in diesem Wasser zu baden und zu schwimmen und deren Urin meinen Urin noch beizumischen.

Ich vermute, dass es am Geruch lag. Schwimmbäder riechen stark nach Chlor. Egal wie viele Menschen schon ihre Blase im Wasser entleert haben, Schwimmbäder riechen immer nur nach Chlor. Wer in einem öffentlichen Schwimmbad schwimmen geht, riecht danach selbst stundenlang nach Chlor, auch wenn er zum Abschluss duschen geht. Ich weiß, dass viele Menschen den Chlorgeruch nicht mögen. Ich selbst gehöre nicht zu diesen Menschen.

Ich mag den Geruch von Chlor. Er hat etwas keimtötend Sauberes, etwas radikal Reinigendes, was daran liegen wird, dass Chlor tatsächlich Keime tötet und extreme Sauberkeit hinterlässt.

Chlor ist der beste Freund radikaler Hausfrauen, wie ich eine bin. Als ich meinen dritten oder vierten Haushalt gründete, lernte ich, dass keine Scheuermilch, kein Essigreiniger und kein Kratzschwamm das Gleiche kann wie Chlor und dass Chlor außerdem ein Pfennigartikel ist, der in jeder Drogerie in Monsterflaschen verkauft wird. Verkalkte Wasserhähne, matt gewordene Küchenbecken, langsam versiffende Kloschüsseln, kurz: Alle wirklich harten Fälle des Haushalts sind mit Chlor kein Problem mehr. Man kippt es, möglichst nicht sehr sparsam, auf die Problemstelle und kann praktisch dabei zusehen, wie die Probleme verschwinden.

Chlor ist ein Wundermittel. Das muss ich instinktiv gewusst haben, als ich zweimal wöchentlich in der Schwimmhalle von Rostock trainieren ging, ohne mich auch nur ein einziges Mal zu ekeln. Denn natürlich ist

Chlor auch der beste Freund aller Bademeister, die ja den Keimgehalt des Wassers im Auge behalten müssen und bei Bedarf nachchloren. Es müsste einmal jemand ergründen, zu wie viel Prozent öffentliches Schwimmbadwasser aus Pipi, aus Chlor und aus Wasser besteht.

Eine Wende trat in meinem Leben ein, als ich einen Mann traf, der in seiner Jugend auch Mitglied eines Schwimmvereins war. Als wir uns kennenlernten, gingen wir oft zusammen in die Schwimmhalle von Ziegelhausen, einem Stadtteil von Heidelberg, und zogen Bahnen. Später heirateten wir. Als wir aber noch zusammen schwammen, erzählte ich ihm eines Tages im Eifer aufkommender Gefühle, dass ich nicht gern aufs Schwimmbadklo gehe, sondern lieber, na ja, du weißt schon ... Und übrigens machen es ja eh alle so.

Seine Reaktion überraschte mich. Er fand, was ich tat, gar nicht lustig, er nickte oder lächelte auch nicht, um stillschweigendes Einverständnis zu signalisieren. Sondern er empörte sich. Er sagte einen sehr kategorischen Satz, etwas in der Art von: »So was tut man doch nicht!«

Es war mir peinlich. Nicht weil er mich bei etwas Unhygienischem erwischt hatte, sondern weil die Worte meines künftigen Ehemanns mir plötzlich vor Augen führten, dass ich mein Leben lang etwas Unmoralisches getan hatte. Es war so ein Mischding aus öffentlichen Gütern, kategorischem Imperativ, Verantwortung des Einzelnen und deutscher Schuld. Ich hatte plötzlich das Bedürfnis, aufhören zu müssen, irgendetwas Verbotenes heimlich zu tun. Ich müsste damit aufhören, damit er mich heiraten wollen würde.

Und weil ich eine hohe Meinung von meinem späteren Mann hatte und mich ihm spätestens von diesem Moment an moralisch unterlegen fühlte, fasste ich einen Entschluss: Ich würde nie wieder in ein öffentliches Schwimmbad pinkeln. Ich schwor, nie, nie wieder an irgendeinem anderen Ort zu urinieren als auf dem stillen Örtchen. Auch nicht in die Ostsee oder den Schlachtensee. Und erst recht nicht in die Badewanne.

Ich muss zugeben, dass es nicht leicht war, diesen Schwur im Schwimmbadalltag durchzuhalten. Das hat mehrere Gründe. Der erste Grund liegt in der Trägheit der Masse Mensch begründet. Wer gerade seine Bahnen zieht und sicher und fix im nassen Element unterwegs ist, der mag nicht plötzlich wie ein Jungfrosch aus dem Wasser ans ungewohnte Land springen, wo es rutschig und kalt ist. Schon gar nicht, wenn man auf dem Weg zum Klo (und das ist der zweite Grund) durch lange, dunkle Gänge muss, wie es auch in Ziegelhausen der Fall war, jedenfalls in meiner Erinnerung.

Auch in Ziegelhausen – und in allen Schwimmbadtoiletten, die ich in meinem Leben benutzt habe – war es so, wie ich es in Rostock zuerst erfahren hatte, dass nämlich sowohl der Boden der Toilette als auch die Klobrille nass waren. Um mit meinem neuen Entschluss überhaupt weiterleben zu können, entschloss ich mich gleichzeitig mit dem Schwur, nicht mehr ins Schwimmbecken zu pinkeln, zu etwas anderem, nämlich dazu, die Flüssigkeit auf dem Boden und der Brille des Damenklos künftig für Wasser zu halten.

Der zweite Entschluss führte dazu, dass ich mit dem ersten leben konnte. Allerdings muss ich zugeben, dass ich seither deutlich seltener ins Schwimmbad ging. Es kamen dann auch andere Moden und Notwendigkeiten über uns. Das Reisen, das Arbeiten, das Joggen. Und schließlich kamen die Kinder.

Kinder gehen ja sehr gern baden, und auch unsere Kinder liebten öffentliche Schwimmbäder. Weil es den meisten Eltern Spaß macht, sich den Vorlieben ihrer Kinder zu unterwerfen, verbrachten wir auf einmal wieder sehr viel Zeit in Schwimmbädern. Leider konnten wir keine Bahnen mehr ziehen, weil unterdessen unsere damals Kleinen ersoffen wäre. Also sahen die Schwimmbadbesuche immer so aus, dass man mit dem Baby und späteren Kleinkind durch das Wasser watete, das Kind ein wenig hin und her schwenkte, bis es lachte, und selbst die ganze Zeit über entsetzlich fror.

In größeren Spaßbädern gibt es für die frierenden Eltern Gemeinschafts-Whirlpools, in denen das Wasser viel wärmer ist als in den großen Becken. Da sitzen dann die Eltern, eng aneinandergepresst, und warten, dass der Tag zu Ende geht. Sie sitzen in diesen blubbernden, warmen Becken – und was tun sie? Sie pinkeln. Wenn mir zu kalt wurde, konnte ich manchmal nicht anders, ich musste mich in das Menschengewimmel und Wassergeblubber setzen, und es war mir egal, wie viele Menschen mit wie vielen verschiedenen Migrationshintergründen sich mit mir die Brühe teilten. Die Blubberbecken rochen besonders stark nach Chlor, und sie retteten mich vor dem Kältetod.

Ungerecht fand ich es aber doch. Alle Menschen, wie sie hier saßen und sich stundenlang nicht wegbewegten, hatte ich natürlich im Verdacht, unentwegt zu pinkeln. Ich durfte das nicht tun, denn ich hatte ja einen Schwur geleistet. Wenn ich den Drang nach Erleichterung verspürte und auch nicht länger aufschieben konnte, ließ ich also den soeben ergatterten Platz im Eltern-Blubberbecken sausen und ging aufs Klo.

Meine Große, die damals noch ein sehr kleines erstgeborenes Einzelkind war, war zu dieser Zeit noch in einem Alter, in dem sie eine sogenannte Schwimmwindel trug. Darum musste ich mich um die Erleichterung der Blase meiner kleinen Tochter damals noch nicht kümmern. Was so eine Schwimmwindel eigentlich soll, habe ich, nebenbei bemerkt, nie verstanden. Jeder Urin, den das Kind legalerweise in diese Windel absondert, gelangt automatisch ins Wasser, es dauert nur eine Stofflage länger. Gleichwohl war ich dankbar für diese Schwimmwindel, denn mein eigener im Schwimmbad besonders oft aufkommender Harndrang in Verbindung mit meinem Schwimmbad-Urinier-Gelübde machte mir das Leben schon schwer genug.

Auch als meine Kleine durch die Geburt ihrer Schwester zur Großen wurde, gingen wir weiter ins Schwimmbad. Inzwischen war die Große nicht mehr klein genug, um eine Schwimmwindel tragen zu dürfen und zu wollen. Da wurde es dann richtig anstrengend. Denn nicht nur ich muss im Wasser häufiger aufs Klo, sondern auch meine Tochter. Allerdings mussten wir nie gleichzeitig. Wenn man Kinder, die diesen glasigen Blick haben, fragt, ob sie mal müssten, sagen sie immer »Nein«. Eine Minute später ist bei den Kleinen dann die Hose nass, und die Größeren bitten einen immer dann, wenn man selbst gerade vom Klo zurückkommt, darum, sie aufs Klo zu begleiten.

Natürlich erzog ich meine beiden Kinder im Geist des strengen Schwimmbadpinkelverbots. Erstens hatte ich den kategorischen Satz »So was tut man doch nicht«, den mein damaliger Zukünftiger zehn Jahre vor der Geburt unserer ersten Tochter zu mir gesagt hatte, geradezu verinnerlicht. Zweitens war da ja noch eine tiefere Moral hinter diesem Satz, und diese tiefere Moral verbot es mir, irgendetwas Heimliches zu tun. Aufrichtigkeit gegenüber dem Partner, unbedingte und nicht hinterfragbare Loyalität, letztlich Liebe – das war die tiefere Moral, zu der ich mich mit dem Schwimmbadpinkelverbot verpflichtet hatte, und genau diese Werte gab ich an unsere Kinder weiter, wenn ich ihnen beibrachte, auch im Schwimmbad auf die Mädchentoilette zu gehen.

Das Problem war leider, dass ich diejenige war, welche die Mädchen aufs Mädchenklo begleiten musste. Als die Mädchen noch sehr klein waren, war es ihnen egal, ob sie mit ihrem Vater aufs Männerklo oder mit mir aufs Damenklo gingen. Bald merkten sie aber, dass

Männerklos etwas genuin Ekelerregendes an sich haben. Männerklos riechen anders, und was dort getan wird, können schon kleine Mädchen nicht verstehen, geschweige denn Frauen – nämlich im Stehen und ohne Sichtschutz vor allen anderen pinkelnden Männern seine eigene Notdurft erledigen, ohne einen Anflug von Peinlichkeit zu empfinden.

Als meine Kinder die Pein dieses Ortes zu empfinden gelernt hatten, blieben alle Klogänge an mir hängen, die Klogänge meiner Kleinen, die Klogänge meiner Großen und meine eigenen Klogänge, und ich erwähne es nur der Vollständigkeit und der besseren Verständlichkeit des Nachfolgenden halber, dass natürlich nie alle gleichzeitig mussten.

Als meine Kinder gerade gelernt hatten, dass man im Schwimmbad nur Mama behelligen sollte, wenn man mal musste, war plötzlich meine Ehe zu Ende.

Fortan gingen wir also nur noch zu dritt ins Schwimmbad. Ich befolgte die Regeln der Moral aber weiterhin, obwohl es eigentlich an der Zeit gewesen wäre, sie zu hinterfragen.

Ich weiß nicht, ob ich irgendwann mal von allein mit dem Schwachsinn aufgehört hätte. Im Nachhinein sind solche Aussagen ja immer schwer. Tatsächlich aber half mir meine Freundin Katja auf die Sprünge, die ich deutlich länger kannte als meinen heutigen Exmann. Wir waren Nachbarskinder, und Katja ist genau wie ich (vielleicht sogar ein bisschen mehr als ich) ein echtes Ostkind. Sie hasst es, wenn irgendwer irgendwie tut, schlimmstenfalls gar vornehm tut. Wer vornehm tut, hat bei ihr verschissen. So würde sie es ausdrücken.

Ein Jahr nach meiner Trennung ging ich mit Katja ins Schwimmbad, denn Katja hat gleichzeitig mit mir ein Kind bekommen, wenn auch einen Jungen. Als wir beide so schön durch das Wasser wateten und froren und darauf aufpassten, dass niemand ertrank, kam plötzlich Edgar, Katjas Sohn, angelaufen, weil er mal musste. Katja beugte sich über ihn und sagte leise, aber deutlich genug, dass ich es hören konnte: »Pischer mal einfach ins Wasser, Eddi.« Woraufhin Eddi sich ins Wasser setzte und pischerte. Mir blieb die Luft weg. »Du erlaubst ihm, ins Wasser zu pinkeln?«, rief ich halb empört, halb amüsiert. »Stell dir doch mal vor, das täten alle!«

Katja lachte tief und sonor wie eine echte ostdeutsche Raucherin und sagte: »Du bist vielleicht doof. Das tun alle.« – »Aber es ist ekelhaft«, sagte ich, halb empört, halb amüsiert. »Jetzt tu mal nicht so vornehm«, sagte Katja und setzte sich ebenfalls ins Becken. Ich wollte schreiend wegrennen, entschied mich aber doch, einen Lachkrampf zu kriegen. Dieser Lachkrampf hätte mich, wäre ich entspannter gewesen, selbst ins Becken gezwungen, aber so weit war ich damals noch nicht. Ich rannte stattdessen aufs Damenklo und setzte mich auf die bepinkelte Brille und hätte um ein Haar eingepinkelt.

Als dann der Nachfolger meines zu Kategorismen neigenden Exmannes in mein Leben trat, kam ich, pinkeltechnisch, an die Grenzen meiner Kraft. Denn der Nachfolger meines Exmannes hat auch zwei kleine Kinder, ungefähr so alt wie meine, ein Mädchen und einen Jungen. Wenn wir mit vier Kindern, die alle nicht ins Wasser pinkeln durften, ins Schwimmbad gingen, kam ich nicht mehr viel zum Frieren, denn ich war kaum noch im Wasser. Ich hatte ja ununterbrochen Toilettendienst.

Eines Tages hatte ich die Faxen dicke. Wir waren seit Langem mal wieder im Schwimmbad, und es wollte gerade wieder losgehen mit diesem »Mama, ich muss mal, Kathrin, ich muss mal«. Es war kein Schwimmbadausflug wie früher, wo es einem im Grunde egal sein konnte, bei welcher Tätigkeit man die Kinder gerade betreute, beim Planschen, beim Spritzen, beim Hopsen, beim Klogang. Es war sowieso immer langweilig.

Doch inzwischen können alle Kinder, auch das Jüngste, allein schwimmen. Das bedeutet, dass man sich in einen Liegestuhl am Beckenrand setzen kann, um zu lesen oder zu dösen. Herrliche Zeiten waren gerade dabei, anzubrechen. Ich hatte gar keine Lust, erst mit den drei Mädchen das bepinkelte Mädchenklo, dann mit dem Jungen das ekelerregende Männerklo suchen zu gehen. Ich tat etwas anderes. Ich beugte mich zu meiner Großen, die als Erste nach der Toilette gefragt hatte, herunter und flüsterte ihr ins Ohr: »Pischer mal einfach ins Wasser.« Dazu lächelte ich aufmunternd.

Meine Große schaute mich entgeistert an. Sie glaubte nicht, dass ich meine Worte ernst meinte. Ich nahm sie an die Hand, setzte sie auf meinen Schoß und sagte: »Weißt du, das machen doch eh alle so.« – »Aber wir doch nicht«, sagte sie, »sonst ist doch bald das ganze Wasser voller Pinkel. Das hast du doch selber gesagt!« In ihr Gesicht standen recht deutliche Zweifel an der geistigen Gesundheit ihrer Mutter geschrieben.

In diesem schwierigen Moment passierte etwas, das in schwierigen Momenten leider nicht so oft passiert: Mir fiel genau die richtige Antwort ein. »Willst du lieber in fremder Pinkelbrühe baden oder in eigener?« Meine Große lachte und setzte sich ins Becken. Sie hatte schneller als ihre Mutter verstanden, dass man kategorisch und dumm zugleich sein kann.

ICH WOHNE SO GERN

Warum ich aufgeräumte Wohnungen wie das Paradies empfinde und dennoch nie eine aufgeräumte Wohnung hatte

Für Rainer

1. MEINE UNORDENTLICHE GEGENWART

Ich habe eine Leidenschaft, die ich mit vielen Frauen teile: die Zeitschrift »Schöner Wohnen«. Ich glaube, dass es ziemlich leicht ist, diese Leidenschaft zu erklären. »Schöner Wohnen« entführt Frauen in ein Reich der selbst bestimmten Ordnung und Schönheit. Ins Reich der Farben und Formen und Oberflächen. Es ist ein hochfloriges Barfußreich, in das weder Männer mit Dreckschuhen noch Kinder mit Klebefingern noch Sätze wie »Wir haben doch erst vor zwei Jahren das Bad renoviert« Zutritt haben.

»Schöner Wohnen« entführt Frauen ins Reich der Fantasie, funktioniert also so ähnlich wie der »Playboy« bei Männern.

Ich habe »Schöner Wohnen« die eine oder andere Einrichtungsidee zu verdanken. Noch wichtiger aber als die Ideen fürs Runderneuern der erst vor Kurzem runderneuerten eigenen Wohnung ist das Betrachten fremder Wohnungen. Schöner als die Möbel und Teppiche, die man kaufen könnte oder sollte, ist das, was man nicht kaufen kann: die Ordnung, die Leere, das Nichts zwischen diesen fremden Möbeln.

»Leere Schränke sind Luxus« ist einer der Lieblingssprüche meines Onkels aus Heidelberg. Er sagte ihn immer dann, wenn meine Tante vom Einkaufen zurückkam, voll bepackt mit Sachen, die in Schränke geräumt werden mussten. Vor 20 Jahren verstand ich noch nicht, was meinen Onkel an vollen Schränken störte, denn ich war damals noch nicht so weit, dass ich eigene Schränke besaß. Heute verstehe ich meinen Onkel. Ich verstehe, dass man an seinen eigenen vollen Schränken verzweifeln kann.

In allen gepflegten Zeitschriften-Interieurs fehlt das, was ich in meiner Wohnung überall finde: das Chaos, die Fülle. Diese fremden Wohnungen verströmen genau die Atmosphäre der Leere, die ich mir fürs Wohnen wünsche. In so einer Atmosphäre kann ich alles: mich wohlfühlen, mich entspannen und mich konzentrieren. Und wohnen.

Ich wohne nämlich so gern. In meinem häuslichen Chaos hingegen fällt es mir schwer, gern zu wohnen. Darum ist »Schöner Wohnen« eine Art Kopfkino fürs Gernwohnen, denn hier fehlen die herumliegenden

205

Schuhe und die ungemachten Betten. Es fehlen die Fingerabdrücke und Kalkränder, die Krümellawinen unterm Frühstückstisch und die Bonbonpapier-Nester in den Kinderzimmerecken. Es fehlen die Wäsche- und die Zeitungsberge. Es fehlen ferner die Lego-Star-Wars-Nischen und die Bastelkramreste im Wohnzimmer, die Bartstoppel- und Rasierschaumspuren im Badezimmer und die stinkenden Abwaschlappen in der Küche.

Das beste Fehlende aber ist das: Es fehlen die Stöße mit der unerledigten Post. Kurz: Im »Schöner Wohnen«-Paradies fehlt alles, was ich bei mir zu Hause nicht in den Griff kriege und was mein Zuhause, allen Rund-erneuerungen zum Trotz, für einen Besuch der Foto-grafen von »Schöner Wohnen« disqualifiziert.

Ich habe schon vor Jahren begriffen, dass ich mei-nem Haushalt und seinen Bewohnern allein nicht ge-wachsen bin. Darum engagierte ich eine Putzfrau. Sie kommt dreimal in der Woche.

Natürlich weiß sie nicht, dass Sauberkeit eine Frage der Ecken ist. Natürlich ist sie nicht in der Lage, meine schwarzen Socken von den schwarzen Socken meines Freundes und die weißen Socken der Kleinen von den weißen Socken der Großen zu unterscheiden.

Natürlich kann meine Putzfrau nicht putzen. Diese Eigenschaft teilt sie, soweit ich das aus eigener Anschau-ung beurteilen kann, mit allen Putzfrauen. Als ich diese Gesetzmäßigkeit irgendwann durchschaut hatte, habe ich aufgehört, nach einer neuen Putzfrau zu suchen, denn eine neue Putzfrau löst (aber auch nur vielleicht) alte Putzprobleme, bringt aber neue Putzprobleme mit.

Meine vorvorletzte Putzfrau schaffte es, perfekte Ordnung auf den ersten Blick herzustellen. Aber sie bückte sich nicht gern, was sich negativ auf die Boden-oberflächen auswirkte. Irgendwann entdeckte ich im Schlafzimmer-Hochflorteppich ein Spinnennest. Es glänzte in der Sonne, wenn ich die Treppe hochkam und durch die offene Schlafzimmertür sah. Ich mag keine Spinnen. Ich ekele mich vor Spinnen. Ich habe Angst vor Spinnen. Darum hoffte ich auf die Kraft der Putzfrau.

Ich hoffte sieben Putzfrauenbesuche lang. Eines Tages hatte sich mitten im Spinnennest ein gelblicher Kokon mit Spinneneiern gebildet, da ging meine Angst in Panik über. Nach dem inzwischen achten Putzfrau-enbesuch und kurz bevor die Jungspinnen ihren Kokon verlassen und unsere Wohnung fluten wollten, bat ich meinen Freund darum, die Katastrophe des Schlüpfens mit dem Staubsauger zu verhindern. Dann machte ich mich auf die Suche nach einer Nachfolgerin, nach einer perfekten Putzfrau.

Ich fand auch eine. Die neue Putzfrau hatte keine Probleme mit den tiefen Lagen, aber sie erschien nur, wenn sie Lust hatte, und die Tendenz ihrer Lust war abnehmend. Danach kam eine Frau, die in allen Höhen Schwierigkeiten hatte, sauber von unsauber zu unter-scheiden. Sie konnte überhaupt nicht putzen, war aber dafür lustig und immer gesprächsbereit. Doch da war ich schon im Stadium des Erkennens der Sinnlosigkeit angekommen. Die kommunikative Putzfrau hat dann allerdings mich verlassen, vermutlich weil auch sie glaubte, die Probleme mit ihrer Putzchefin lösen zu können, indem sie sich einfach eine andere sucht.

Die Putzfrau, die ich jetzt habe, will ich auf keinen Fall verlieren. Ich vermute zwar, dass sie nur zwei Stunden da ist, obwohl ich sie für drei Stunden bezahle, aber es ist besser, ein altes, bekanntes Problem zu ertragen, als sich ein neues, unbekanntes Problem einzuhandeln.

Richtig gut putzen kann eigentlich nur ich. Und auch das scheint übrigens eine Eigenschaft zu sein, mit der ich nicht allein auf der Welt bin. Auch alle meine Freundinnen können, sofern sie Putzfrauen engagieren, besser putzen als ihre Putzfrauen.

Wollte ich, dass meine Wohnung bis in die Ecken und Fugen und Rillen und Unterseiten hinein sauber geputzt wird, müsste ich selber putzen. Und das ist eben das Gute an Putzfrauen: Sie putzen regelmäßig, obwohl sie nicht putzen können, während ich nicht putze, obwohl ich so gut putzen kann. Ich bin allerdings noch klar genug im Kopf, um zu begreifen, dass ich ohne die minderwertige, aber regelmäßige Hilfe meiner Putzfrau entweder meinen Job oder meinen Verstand verloren hätte.

Auch die Beschäftigung einer Putzfrau kann nicht verhindern, was passiert, wenn ich aus dem Zeitschriftenparadies auftauche und angefüllt mit Wohnästhetik zurückkehre in die Wirklichkeit. Diese Rückkehr endet immer gleich: mit schlechter Laune. Fällt dann mein ästhetisch aufgeladener Blick auf die Realität der Flecken und Tropfen und Krümel, auf die grausame Realität der unerledigten Poststöße, dann ist es besser, mir aus dem Weg zu gehen. Meine Kinder haben das schon begriffen. Wenn ich »Schöner Wohnen« lese, lassen sie mich in Ruhe und verziehen sich in ihre Kinderzimmer. Dort sind sie relativ sicher vor dem Ausbruch, der dieser Lesepause mit großer Wahrscheinlichkeit folgen wird.

Wenn ich aus der »Schöner Wohnen«-Welt zurückkomme, bin ich meist nicht allein. Ich bringe zwei Bekannte mit: den bösen Frust und den guten Vorsatz.

Der Frust ist der Grund, warum sich meine Kinder in ihre Zimmer verkrümeln. Der Frust macht mich wütend, zornig, rasend und ähnlich schlimme Adjektive. Der Frust führt mir vor Augen, dass die Wohnung schon wieder wie ein Rattenloch aussieht, obwohl sie dreimal in der Woche semiprofessionell geputzt und aufgeräumt wird. Das muss ich dann laut, sehr laut herausschreien.

Der Frust führt mir auch die Schuldigen dieser Verwüstung vor Augen: Wer hat wieder sein Lego im Wohnzimmer, seinen Bastelkram auf dem Esszimmertisch, seine Prinzessin-Leia- und seine Darth-Vader-Kostüme in mindestens drei Zimmern verteilt? Meine Kinder. Wer hat seine Bartstoppeln im Waschbecken, das nasse Handtuch im Bett und die Zeitungen auf dem Klo liegen lassen? Mein Freund. Wer hat seine Haare in allen Betten verteilt? Meine Katze. Wer hat die Stapel unerledigter Post aufgetürmt, anstatt sie sofort in

Leitz-Ordnern abzuheften? Okay, diese Frage ist nicht so gut, denn sie lenkt die Verantwortung für das Chaos in Richtung der Person, die sich gerade rechtschaffen aufregt, also in die falsche Richtung. ABER: Wer hat gekrümelt, gekleckert, getropft und die Schuhe zum Hürdenlauf im Flur aufgestapelt und seine Fuß-, Hand- und Pfotenabdrücke gleichmäßig auf allen Oberflächen verteilt? Mein Freund UND meine Kinder UND meine Katze. Und wer darf den ganzen Kram jetzt wegräumen und abwischen? Ich. Auch das muss ich dann sehr laut herausschreien.

»Ich bin nicht eure Putzfrau!« Dieser Satz ist fast immer der Höhepunkt meines Ausbruchs. Und mein Freund, der nicht ganz so gut wie meine Kinder versteht, was mich richtig auf die Palme bringt, versucht es dann immer wieder mit der gleichen Antwort: »Die Putzfrau kommt doch morgen, lass die Sachen doch einfach liegen.«

Mein Freund kann sich nicht merken, dass dieser Satz das Gegenteil von Beruhigung bei mir auslöst. Wenn es sein muss, können wir uns nach diesem Satz drei Stunden lang streiten. Und zwar ganz grundsätzlich. Über Verantwortung, Respekt, Emanzipation, Menschenrechte. Darunter tu ich es dann nicht mehr.

Gott sei Dank erscheint »Schöner Wohnen« nur ein Mal im Monat, und Gott sei Dank habe ich das Heft nicht im Abo, sondern kaufe es am Kiosk. Die eine oder andere Nummer geht mir so durch die Lappen – zur Schonung des Familienfriedens und meiner Nerven.

Ich bin ziemlich sicher, dass ich ohne »Schöner Wohnen« gar kein Problem hätte. Aber Hätte-Sätze bringen uns alle nun mal nicht weiter.

Ich will den anderen alten Bekannten nicht unterschlagen, den ich von meinen »Schöner Wohnen«-Exkursen mitbringe: den guten Vorsatz. Wenn ich sehe, wie schön es andere zu Hause haben, dann fühle ich mich regelmäßig stark genug für große Veränderungen. Dann will ich das auch haben. Und das nehme ich mir dann vor, immer wieder: »Ab jetzt räumt jeder seinen Kram weg. Und zwar allein!« Auch diesen Satz, diesen richtig guten Vorsatz, kann ich sehr laut schreien.

Leider sind die Kinder meist noch in ihren Kinderzimmern abgetaucht, können den Satz also nicht hören, wenn ich ihn in die Familie hinausrufe. Und mein Freund hört sowieso nicht gut, und in diesen Situationen versagt sein Gehör dann total. Und die Katze benimmt sich in diesem Haus sowieso wie die Hausherrin. An sie komme ich gar nicht ran. Das ist das erste Problem.

Das zweite Problem ist, dass ihnen allen meine guten Vorsätze egal sind. Meine Therapeutin hat einmal versucht, mir zu erklären, dass es nicht das Problem der anderen ist, wenn sie nicht tun, was ich mir für sie vornehme. Sie stellt sich gern auf den Standpunkt, dass ich mir nur für mich selbst etwas vornehmen kann. Ich habe sie gefragt, ob das auch gilt, wenn diese anderen meine eigenen Kinder, mein eigener Freund und meine eigene Katze sind und wenn diese anderen vorher mein

Wohnzimmer verwüstet haben. Sie riet mir, ich solle Sphären für mich definieren. Also »mein Bad«, »mein Zimmer«.

Leider sind aber weder Wohnungen noch Häuser beliebig erweiterbar. Und außerdem frage ich mich, warum ich mein Wohnzimmer den anderen überlassen soll. Denn die anderen haben ja schon ihre Sphären. Sie heißen Kinder- und Arbeitszimmer. Und die Katze führt sich auf, als wäre das ganze Haus, vom Keller bis zum Dach, ihr Eigentum, in dem wir nur eine Art Duldungsstatus haben. Warum also sollte ausgerechnet ich mich ins nicht existierende Kathrin-Zimmer zurückziehen?

Selbst wenn ich unser Haus erweitern könnte wie einen Monopoly-Straßenzug, fände ich das falsch. Ich glaube, dass meine Therapeutin die Realität aus den Augen verloren hat, auch wenn sie – von einem philosophischen oder psychologischen Standpunkt betrachtet – vielleicht recht hat. Jedenfalls habe ich ihren Rat nicht befolgt. Ich bin mir nämlich ziemlich sicher, dass ich nur laut genug schreien muss, um mich auch ohne den kostspieligen Anbau neuer Sphären gegen die anderen durchzusetzen.

2. MEINE UNORDENTLICHE VERGANGENHEIT

Ich kann mich nicht genau an den Zeitpunkt in meinem Leben erinnern, von dem an ich fand, dass Ordnung schöner ist als Chaos. Aber ich weiß, dass ich das nicht immer fand. Als Kind war mir Unordnung nicht nur egal, ich konnte Ordnung nicht einmal von Unordnung unterscheiden. Ich merkte es immer erst an den Wutausbrüchen meiner Mutter, dass mein Zimmer offenbar mal wieder über die Unordnungsschwelle geschwappt war.

Mit 18 übertrat ich die Unordnungsschwelle dann etwas bewusster: Ich schloss mich der Ostberliner Wohnungsbesetzerszene an. Wir zogen einfach in eine leer stehende Wohnung im Hinterhaus der Prenzlauer Allee 210. Die Verhältnisse waren Mitte der Achtzigerjahre in Prenzlauer Berg noch sehr weit davon entfernt, ordentlich zu sein. Niemand störte sich an der allgemeinen Unordnung, wir als Allerletzte.

Unser Hauseingang war so dreckig, dass es mir sogar damals schon auffiel, und das will was heißen. Ich wäre jedoch nie auf die Idee gekommen, hier für Ordnung oder gar für Sauberkeit zu sorgen. Ich befand mich in einer Lebensphase, in der mir »Schöner Wohnen« mehr als egal, nämlich unbekannt war. Und aus irgendeinem Grund konnte ich mich damals wunderbar entspannen, konzentrieren und wohlfühlen, wenn um mich herum die unerledigten Poststapel wuchsen. Sie wuchsen langsam, denn es gab nicht viel zu erledigen und darum auch nicht viel Post.

Nur meine Mutter, die hat die Sache schon damals etwas prinzipieller gesehen. Wenn sie mich in der Prenzlauer Allee 210 besuchen kam (was verständlicherweise nicht allzu oft geschah), dann begann ihr Besuch stets mit einem Putzeinsatz im Treppenaufgang und mit der Frage, wie man in so einem Dreck überhaupt hausen könne.

Wahrscheinlich (und über diese Diagnose wundere ich mich in diesem Moment selbst) hat meine Mutation zum Ordnungsfanatiker etwas mit meiner Ausreise aus der DDR zu tun. Im Osten war ich immerzu von Menschen umgeben, die viel ordentlicher waren als ich. Im Osten waren zwar die Straßen und die Fassaden und der ganze sozialistische öffentliche Raum vor Dreck vergraut. Aber in den Wohnungen reagierten sich die Menschen vermutlich ab und putzten heraus und herum, je mehr der Kollektivstaat verdreckte.

Soweit ich mich erinnere, hatte ein durchschnittlicher Ost-Haushalt bei der Überwindung der Geschlechtergrenze bereits ein höheres dialektisches Niveau erreicht, denn es putzten Männer UND Frauen. Mit Staubsauger und Putzfeudel, mit Salzsäure und mit Essigessenz und außerdem mit Fit und mit Ata. Und wenn mann mit Putzen fertig war, ging er reparieren. Männer, die nicht handwerkern konnten oder wollten, waren im Osten echte Ladenhüter. Also ungefähr so begehrt wie heutzutage versoffene Arbeitslose ohne festen Wohnsitz.

Die Ost-Familienkollektiv-Mitglieder putzten und reparierten also selbst. Auch hier war die Gesellschaft klassenlos geworden. Jedenfalls hatte in dem Kombinat, in dem meine Mutter vor der Wende arbeitete, weder ihr Chef noch dessen Chef noch der Chef der Chefs noch der Chef des ganzen Kombinats eine Putzfrau. Wenn das Kombinat mitsamt allen Chefs um 17 Uhr Feierabend hatte, gingen sämtliche Chefs direkt nach Hause, weil zu Hause noch viel zu putzen und zu reparieren war.

Vielleicht hatte ja Erich Honecker eine Putzfrau. Ich kann mir aber auch ebenso gut vorstellen, dass Erich und Margot nach Feierabend zusammen Wäsche machten. Aber das ist reine Spekulation. Fakt ist, dass man es im Osten keiner Putzfrau in die Schuhe schieben konnte, wenn unterm Sofa die Wollmäuse tanzten.

Im Westen erlebte ich es dann anders. Hier ließ frau putzen. Und Mann und Frau verschlampten dabei meist komplett und ließen die Krümelberge unterm Esszimmertisch so lange wachsen, bis die Putzfrau mal wieder vorbeikam. Vielleicht ist ja meine Zuneigung zu krümelfreien Fußböden eine unaufgearbeitete Ostkiste. Ich müsste das mal mit meiner Therapeutin besprechen.

3. DIE QUELLE DES ÜBELS

Wenn man sich wie ich regelmäßig vornimmt, den Haushalt in Schuss zu halten, muss man sehr stark sein. Ein Haushalt ist in Schuss, wenn nichts herumliegt. Nichts herumliegen zu lassen ist dann (und nur dann) besonders einfach, wenn man nicht viel hat. Das habe ich schon vor Jahren in unserem Ferienhaus auf Sylt erkannt. Alles, was dort herumliegen kann, ist das, was maximal in ein Auto passt. Das Aufräumen der Ferienwohnung war immer eine Sache von Sekunden.

Mein Berliner Haushalt hingegen ist mehrere Jahrzehnte lang immerzu gewachsen. Als wir das letzte Mal umzogen, reichte bei Gott kein Auto. Unser Haushalt füllte drei Lkws und 385 Umzugskartons. Es ist, glaube ich, nicht schwer zu verstehen, dass Probleme entstehen, wenn in dieser Fülle Menschen walten, die sich nicht an meine guten Vorsätze halten wollen. (Zur Erinnerung: »Ab jetzt räumt jeder seinen Kram weg. Und zwar allein.«)

Und die Probleme werden nicht kleiner, wenn diese Menschen auch noch Unterstützung von einer ausgebildeten Psychologin erhalten (zur Erinnerung: Sphären schaffen – »mein Bad« – »mein Zimmer«), obwohl nicht diese Menschen, sondern ich die ausgebildete Psychologin um Unterstützung gebeten hatte. Ich muss diese unwiderlegbare Argumentationskette mal mit meiner Therapeutin besprechen. Vielleicht sieht sie dann endlich ein, dass ich (und nicht sie) recht habe.

Ich habe übrigens schon vor einer geraumen Weile erkannt, woher die Fülle kommt. In meinem Fall hat die Quelle den Namen Lidl. Bei Lidl gibt es nicht nur Lebensmittel und Klopapier halb geschenkt. Bei Lidl gibt es das ganze Jahr hindurch Wechselsortimente in Wühlcontainern, und zwar zu fantastischen Dumpingpreisen. Hier kriegt man, wenn man zum richtigen Zeitpunkt einkaufen will, alles, wirklich alles, vom Sommerfederbett in Übergröße bis zum sich selbst aufbauenden Zweimann-Wurfzelt, wie erst neulich.

Ich will gleich vorwegnehmen, dass ich das Wurfzelt nur fast gekauft hätte. Ich war kurz vor der Kasse stark genug, die Frage, ob wir so ein Wurfzelt brauchen, zu verneinen. Ich warf dieses ungemein praktische und sensationell billige Zelt doch lieber wieder zurück ins Regal, mitten zwischen die Trolley-Gummis und die Tropifruttis.

Denn: Hätte ich es zurückgebracht zu den Wühlcontainern, dann hätte ich vermutlich den Rasenmäher mit Zweiganggetriebe, mit dem ich bei meiner ersten Einkaufsrunde schon geliebäugelt hatte, in den Einkaufswagen geladen. Dieser Versuchung durfte ich mich kein zweites Mal aussetzen, weil wir zu diesem Zeitpunkt wirklich keinen Rasenmäher brauchten. Ich hatte ja schon letztes Jahr das Vorgängermodell (leider nur mit Einganggetriebe) bei Lidl erworben. Und außerdem war mein Wagen schon voll, denn ich war bei der ersten Einkaufsrunde schon bei den Sommerfederbetten in Übergröße schwach geworden.

Die Federbetten hatte ich auf die Spitze des Wocheneinkaufs aufgetürmt. Über ihren Nutzen war ich mir noch nicht ganz im Klaren, doch als ich anfing, darüber nachzudenken, war ich am Regal mit den Trolley-Gummis schon vorbei. Und danach kommt der Point of no Return, die Kasse.

Als ich die Betten in den Wagen geladen hatte, war

ich mir ziemlich sicher, dass die Sommerfederbetten in Übergröße, unter denen wir derzeit schliefen und die ich vor zwei Jahren bei Lidl erstanden hatte, 50 Gramm schwerer, also viel zu warm waren. Die Annahme hat sich später zu Hause leider als falsch erwiesen, sodass wir jetzt vier Sommerfederbetten gleichen Wärmegrades in Übergröße haben. Ich grämte mich ein wenig, vergaß aber wochenlang immer wieder, die neuen Betten bei Lidl wieder zurückzutauschen, so lange, bis es schließlich zu spät war. Doch auch dann redete ich mir meinen Fehlkauf schön. Unseren Gästen würden die neuen Decken nützlich sein. Warum sollten Gäste denn bei uns immer unter Sommerfederbetten in Standardgröße schlafen müssen und nicht in den angenehmen Übergrößen?

Und außerdem: Die Betten waren irrsinnig billig gewesen. Der Einkauf stellte also keinen großen pekuniären Verlust dar, nur eine Niederlage an der Ordnungsfront. Ich hatte mich durch diesen Impulskauf vom »Luxus der leeren Schränke« zwei Federbetten weit entfernt. Um die neuen Betten zu verstauen, habe ich dann fast zwei Stunden lang Schränke umsortiert, in denen sich sonst beim besten Willen kein Plätzchen für die übergroßen Dinger gefunden hätte. Hätten meine Tante und mein Onkel aus Heidelberg mich jetzt sehen können, sie hätte wissend ihren Kopf gewiegt.

Bekloppte Einkäufe dieser Art habe ich in den zurückliegenden Jahren ungezählte getätigt. Besonders empfänglich für Fülle ist meine Küche. Meine Küchenschränke sind voller nützlicher Spezialgerätschaften, die leider kaum benutzt werden. Die jüngste Küchensünde war ein Entsafter mit 32 Zubehörteilen, der alles, was Saft enthält, mit 1800 Umdrehungen pro Minute kurz und klein kriegt. Dann aber ist er mitsamt den Zubehörteilen so verdreckt, dass eine halbe Stunde Reinigungsarbeit vonnöten ist.

Ich habe den Entsafter genau ein Mal benutzt. Mit 1800 Umdrehungen und mörderischem Getöse braute ich frischen Apfelsaft, doch leider schmeckte der den Kindern nicht. Dann habe ich entschieden, die Reinigungsarbeit als Zumutung zu empfinden. Nun blockiert der Entsafter ein halbes Vollauszug-Schubfach in meiner Küche. Er steht vor der Nudelmaschine mit Tagliatelle-Aufsatz, die ihrerseits inzwischen unter einer Staubschicht kaum noch zu erkennen ist.

Ich besitze außerdem eine 65-teilige Multifunktionsküchenmaschine, eine elektrische Geflügelschere, zwei Bratengabeln mit Garungs-Elektroden, ein Kirschen-Entsteinungs-Fleischwolf-Kombigerät und eine teflonbeschichtete Gugelhupfform. Alles schon mehrere Jahre alt, aber originalverpackt. Ich besitze ferner: drei Edelstahl-Thermoskannen, einen Profi-Cocktailmixer, sechs ovale und sieben runde feuerfeste Auflaufformen, einen Rundhobel für Tête-de-Moine-Käse, eine nagelneue Viereckpfanne und einen Römertopf, der, als ich ihn neulich nach 15 Jahren zum zweiten Mal benutzte, ein ganzes Mittagessen versaute, vermutlich weil ich die korrekte Bedienung in den zurückliegenden 15 Jahren vergessen hatte. Und dies sind nur einige prägnante Beispiele.

Auch unser Keller ist voller Fülle. Vor allem im Werkzeugbereich sind wir bestens ausgestattet – auch dafür sorgt Lidl. Und mein Freund. Mein Freund kauft gern Werkzeug. Nicht nur bei Lidl, aber auch bei Lidl. Eine besondere Zuneigung beobachte ich bei ihm für Akkuschrauber und deren Wechselaufsätze sowie für jede Form von Schleifmaschinen.

Ich habe meinen Freund manchmal bei der Arbeit mit einem seiner Akkuschrauber gesehen, aber noch nie mit einer Schleifmaschine. Weder mit dem Winkelschleifer noch mit dem Trennschleifer oder dem Schwingschleifer. Vor einem halben Jahr kaufte er dennoch zusätzlich einen Deltaschleifer und erklärte mir, dass der Dinge kann, die Trenn- und Winkel- und Schwingschleifer nicht können. Und vor ein paar Tagen lag auf seinem Schreibtisch ein Lidl-Prospekt, in dem er einen sogenannten »Elektronik-Dreieck-Schleifer«, und zwar »im Koffer«, umkringelt hatte. Das tut er immer, wenn er ernsthaft über einen Kauf nachdenkt. Ich habe den Prospekt an mich genommen und ihn am späten Abend heimlich im Papiermüll versenkt. Er hat es nicht gemerkt.

Mein Freund hat so viel Werkzeug, dass er, ohne es allerdings gemerkt zu haben, den Überblick verloren hat. Das mag aber auch daran liegen, dass er das Werkzeug nur sehr selten benutzt, denn er hasst jede Form von Handwerkeln, was nicht weiter schlimm ist, denn er ist ja kein Ostmann, muss also nicht auf die aussichtslose Suche nach einer Ostfrau gehen. Und außerdem ist der Osten ja schon recht lange untergegangen, und die Erinnerung an die alte Zeit des geschlechterübergreifenden Putzens und Werkelns verblasst allmählich. Auch bei echten Ossis wie mir. Das ist alles sehr bedauerlich.

Wenn mein Freund dann doch mal den Akkuschrauber zur Hand nehmen will, um zum Beispiel ein Schräubchen an einem Kinderspielzeug festzudrehen, dann findet er in seinem Werkzeugparadies unter Garantie nicht den richtigen Akkuschrauberaufsatz. Dann gibt es nur zwei Lösungen: Entweder er fährt zu Obi, wo es immer Werkzeug gibt – und nicht nur, wie bei Lidl, wenn im Wechselsortiment gerade Werkzeug dran ist. Bei Obi kauft er dann einen ganzen Satz Akkuschrauberaufsätze, um das Schräubchen in den Griff zu kriegen. Oder er geht an meinen Fünfersatz Schraubenzieher, den ich vor etwa zehn Jahren bei Lidl kaufte und der seither am immer gleichen Ort in der Küche lagert. Ich gebe ihn aber ungern heraus, der Ordnung halber.

So sieht es also aus in unseren Schränken. Ich habe schon oft beschlossen, die Fülle wieder loszuwerden, aber das ist alles andere als einfach. Denn ich komme nicht nur schlecht an Sommerfederbetten in Übergröße vorbei, die ich nicht brauche. Ich bin auch besonders schlecht darin, Dinge, die ich nicht brauche, wieder loszuwerden. Ich kann nichts wegschmeißen. Ich glaube übrigens, dass diese beiden Eigenschaften strukturell zusammengehören. Die darunterliegende menschliche Struktur ist eine Struktur der Vorsorge für einen künftigen Notstand.

Mit dem Kauf von Überflüssigem sorge ich also instinktiv vor: für Hungersnöte, Weltkriege und Atomkatastrophen. Wobei ich mich frage, was ich im Notstandsfalle mit Auflaufformen, Römertöpfen und Turboentsaftern anstellen werde.

Ich bewundere Menschen, die ihren Hausrat unter Kontrolle haben. Davon gibt es meiner Beobachtung zufolge zwei Typen. Meine Schwägerin gehört zu Typ 1: Zwar liebt auch sie Impulskäufe und auch sie greift nicht immer nur zum Nützlichen. Aber wenn sie merkt, dass sie sich verkauft hat, dann schmeißt sie es einfach weg. Sie ist also offensichtlich ein optimistischerer Mensch und glaubt nicht an künftige Weltkriege und Hungersnöte. In ihren Schränken herrscht äußerste Übersichtlichkeit.

Dann gibt es noch Typ 2, den meine Freundin Andrea ideal repräsentiert. Auch Andrea ist mein Vorbild in Sachen gelebter Leere. Natürlich neigt auch sie dazu, sinnloses Zeugs zu kaufen. Aber wenn sie merkt, dass sie, um beim Beispiel zu bleiben, den 32 Einzelteilen eines Entsafters nicht gewachsen ist, dann kommt er wieder weg. Entweder zurück in den Laden oder, wenn die Frist abgelaufen ist, zu eBay. Allerdings ist Andrea in der für dieses Lebenskonzept nützlichen Lage, arbeitslos zu sein.

Sie hat wenig Geld und viel Zeit. Dank ihrer eBay-Aktionen gelingt es ihr mitunter, ihr schmales Hartz-IV-Budget aufzubessern, und es muss ihr auch nicht um die Zeit schade sein, die es kostet, Päckchen im Wert von 7,20 Euro zu packen und zur Post zu schleppen.

Ich habe es mit eBay und mit dem Wegwerfen versucht, aber beides hat nicht geklappt. Ich hänge einfach an Dingen. Ich hänge auch an meiner Zeit und an meinem Geld. Dinge wegzuwerfen, die Geld (wenn auch nicht viel) gekostet haben, kann ich genauso wenig, wie ich meine Freizeit mit dem Beobachten irrsinniger Versteigerungen verschwenden mag.

Ich werde wahrscheinlich zu beidem niemals die Kraft haben, weder zum Wegwerfen meiner überflüssigen Impulskäufe noch dazu, sie bei eBay wieder zu Kleingeld zu machen. Das Problem an eBay ist ja nicht nur, dass es meine Freizeit frisst, sondern dass die Kehrseite billigen Kaufens billiges Verkaufen ist. Einen Entsafter, der 29,99 Euro gekostet hat, für 19,99 Euro und einen Zeiteinsatz von geschätzt vier Stunden wieder zu verkaufen lohnt sich aus der Perspektive berufstätiger Menschen einfach nicht. Wenn ich meinen Stundenlohn in etwa so hoch ansetze wie den Stundenlohn meiner Putzfrau, also mit 10 Euro, dann zahle ich 50 Euro drauf. Anstatt bei eBay Zeit und Geld zu verschwenden, lese ich lieber ein bisschen »Schöner Wohnen«.

Dennoch werde ich nicht aufhören, meinem Ziel einer entschlackten Wohnung entgegenzuarbeiten. Ich finde, dass ich mit meinem Vorsatz (zur Erinnerung: »Ab jetzt räumt jeder seinen Kram weg. Und zwar allein!«) auf dem richtigen Weg bin. Es muss mir nur gelingen, meinen Kindern und meinem Freund und meiner Katze den tiefen Sinn dieser beiden Sätze klarzumachen.

Meine Kinder haben in den wenigen Jahren, die sie auf der Welt sind und mein Leben durcheinanderbringen, schon sehr viel gelernt. Nicht nur, dass man seine Mutter manchmal lieber in Ruhe lässt. Sondern auch, dass es kurzsichtig ist, das Aufräumen des Kinderzimmers der Putzfrau zu überlassen. Denn Putzfrauen übersehen nicht nur Spinnennester in Hochflorteppichen, sondern auch die diffizilen Ordnungssysteme des Kinderzimmers. Sie machen es sich einfach und unterscheiden Kinderspielzeug nur in zwei Kategorien: groß und klein. Die großen herumliegenden Teile werden in Kisten und Schubladen gefeuert, ohne Rücksicht auf den feinen Unterschied zwischen Lego, Playmobil, Barbie und Baby born, Ü-Ei-Inhalt und echtem Müll. Die kleinen herumliegenden Teile machen weniger Mühe. Sie flutschen geräuschvoll durch den Staubsaugerrüssel.

Meine Kinder haben schon gelernt, dass es kaum einen Unterschied macht, ob die Sachen in Kisten und Schubfächern verschwinden oder im Staubsaugerrüssel. Weg ist weg.

Inzwischen taugen meine klugen Kinder sogar als Suchhunde. Zum Beispiel für meinen Schlüssel, der an fast jedem Morgen verschwunden ist und mich so am pünktlichen Losgehen hindert. Wenn mein Schlüssel mal wieder weg ist, frage ich meine Kinder. Sie haben ein phänomenales Gedächtnis für herumliegenden Kram, nicht nur für ihren eigenen, sondern auch für meinen. Sie wissen fast immer, in welche Ecke ich meinen Schlüssel am Vortag gepfeffert habe.

Anders ist es bei meinem Freund. Obwohl er sehr klug ist, lernt er sehr langsam, vergisst dafür aber umso schneller. Er kann sich zum Beispiel nicht merken, an welcher Stelle in unserer Küche das Mehl steht oder die Nudeln oder das Nudelsieb oder das Salz. Komischerweise weiß er, wo er diese Dinge findet, wenn er sie braucht. Aber er behauptet steif und fest, sich später, wenn er die Nudeln wieder zurückstellen will, nicht mehr zu erinnern, wo er sie hergeholt hat, und ich habe keinen Grund, ihm das nicht zu glauben, denn niemand würde selbstdemontierende und peinliche Ausreden dieser Art einfach erfinden.

Eine Weile hat mein Freund geglaubt, Schrank sei Schrank, Schubfach sei Schubfach. Er glaubte sogar, dass Schrank gleich Schubfach sei. Er holte zum Beispiel Olivenöl aus dem zweiten Fach von oben hinten rechts des Apothekenschranks und stellte es danach in den mittleren Hochschrank vorne links. Neben die Tassen! Oder er holte die Keksdose aus dem untersten Schubfach auf der linken Seite und stellte sie ins Schubfach rechts daneben zurück, zwischen Grieß, Reis und Linsen. Im anschließenden Klärungsgespräch behauptete er dann, es sei doch egal, ob die Kekse links oder rechts stünden.

Wenn er solche Dinge sagt, sind wir kurz darauf wieder an dem Punkt, an dem ich gern ganz grundsätzlich werde. Sich nicht erinnern, was vor einer Minute war, ist das eine. Das Ordnungssystem meiner Küche »egal« zu nennen ist etwas ganz anderes, etwas viel Schlimmeres, etwas (ja, ich gehe so weit) fast Heimtückisches und Verbrecherisches.

Inzwischen ahnt er immerhin, dass mir in meinem Haushalt gar nichts egal ist. Seitdem lässt er die Kekse einfach dort stehen, wo er sie gegessen hat, und spekuliert erfolgreich darauf, dass sie von allein wieder an den Ort gelangen, an dem er sie später zielsicher wiederfinden wird. Vom DDR-Niveau der dialektischen Geschlechtergrenzenüberwindung sind wir also leider noch ein ziemlich weites Stück entfernt.

Wir haben es mit Einkaufen versucht. Mit Einkaufsliste zu Lidl klappt auch schon ganz gut. Zwar vergisst er manchmal die Basics, also Milch, Butter, Pepsi-Cola, aber das liegt dann meist daran, dass es mal wieder Werkzeug im Container gegeben hat, welches die Neugier und die Aufmerksamkeit eines echten Kerls absorbiert. Problematisch wird es, wenn mein Freund die Einkäufe in die Schränke räumt. Dann wird wieder links mit rechts, oben mit unten und Schubfach mit Hochschrank verwechselt. Mein Freund hat schnell gelernt, dass er das Einräumen der Einkäufe lieber anderen überlässt (denselben, die ihm die Keksdosen nachräumen), auch weil er sich dann schneller an einen seiner drei Lieblingsorte (Wohnzimmersofa, Arbeitszimmersofa, Klo) zurückziehen kann, um einer seiner beiden Lieblingsbeschäftigungen (Schlafen und Lesen) nachzugehen. Ich weiß nicht, welchen dieser drei Orte und welche dieser beiden Beschäftigungen er am liebsten hat, ich weiß aber, dass er jeder der beiden Beschäftigungen an jedem der drei Orte lieber nachgeht als der Alternativbeschäftigung: in der Küche Kekse und Butter und Pepsi-Cola dorthin zu räumen, wo sie hingehören. Wenn ich meinem Freund das Einräumen der Einkäufe abnehme, diene ich nicht nur der Ordnung unserer Wohnung, sondern auch seinem Glück und damit: unserer Beziehung.

Um meine Kinder mache ich mir keine Sorgen. Vor ein paar Wochen hörte ich, wie sich meine vernünftige Große mit ihrer Freundin unterhielt. Sie sagte: »Komm, wir legen hier noch dieses Spitzendeckchen hin, dann hat es die Katze eleganter.« Es wird nicht mehr lange dauern, dann lesen wir gemeinsam »Schöner Wohnen«.

Und auch meine wilde Kleine hat schon verstanden, wie man sich gegen Zumutungen von anderen zur Wehr setzt. Als ich sie kürzlich aufforderte, ihr Lego-Star-Wars-Sortiment aus dem Wohnzimmer zu entfernen, sagte sie einen mir wohlbekannten und nicht minder schönen Satz: »Ich bin doch nicht deine Putzfrau!« Jaja, die beiden sind auf dem richtigen Weg.

Bei meinem Freund und bei meiner Katze wage ich hingegen keine allzu positive Prognose. Meinen Freund habe ich einfach zu spät kennengelernt, als dass Erziehung hier noch was bringen könnte. Ich werde also damit leben müssen: mit den Zeitungen auf dem Klo, mit den nassen Handtüchern im Bett und mit den Keksdosen im Linsenschubfach und mit der Aussicht, alles, was er nicht kann oder will, selbst machen zu müssen.

Auch mit den Katzenhaaren in den Betten werde ich wohl leben müssen. Ich halte es meiner Katze zugute, dass ihr, als einfacher Kreatur, der Vorsatz fehlt. Und was im deutschen Strafrecht mildernde Umstände gibt, das lässt auch mein Herz weich werden.

Aber wenn ich meinem Freund und meiner Katze bis ans Ende unserer Tage alles nachräume und nachfege und nachwische, wenn ich mir ferner für meinen Freund alles merke, was er sich nicht merken kann, und meine Katze bediene, bis eine von uns nicht mehr ist, dann werde ich es eines Tages schaffen. Und dann werde ich unsere Wohnung für »Schöner Wohnen« fotografieren lassen – da bin ich mir trotz allem sicher.

5. GEGENDARSTELLUNG MEINES FREUNDES

Als ich neulich zur Entlastung meiner angespannten Freundin den Wocheneinkauf bei Lidl machte, sah ich in den Containern mit dem Wechselsortiment einen Entsafter für 29,99 Euro. Ein völlig überflüssiges Gerät, wie ich fand. Ich war sehr erleichtert über die glückliche Fügung, die mich als Wocheneinkäufer bestimmt hatte und nicht meine Freundin, die an dieser Maschine mit Sicherheit nicht vorbeigekommen wäre. Ich arbeitete meine Einkaufsliste ab. Sehr konzentriert, mit dem Blick aufs Wesentliche. Bei mir dauert so ein Einkauf nie länger als 20 Minuten.

Meine Freundin geht grundsätzlich ohne Einkaufsliste einkaufen. Sie behauptet, dass sie alles, was wir brauchen, im Kopf hat. Ich bezweifle das. Sie braucht für unseren Wocheneinkauf nicht unter einer Stunde. Am Ende ist ihr Einkaufswagen mindestens dreimal so voll und die Rechnung dreimal so hoch. Meiner Freundin fehlt, was ich habe: die Fähigkeit, Wichtiges von Unwichtigem zu unterscheiden.

An der Kasse nahm ich, wie immer, den Prospekt mit der Werbung für die nächste Woche mit. Prospekte sind eine nützliche Erfindung der Marktwirtschaft. Ich studiere sie in meinen Mußestunden, genau wie Zeitungen. Ich liebe meine Freundin, aber meine heimliche Leidenschaft gilt Druckerzeugnissen jeder Art. Meine Freundin kann das nicht verstehen. Wenn ich lese, spricht sie von Zeitverschwendung. Ich glaube, sie ist eifersüchtig.

Zu Hause legte ich den Prospekt erst einmal auf meinen Schreibtisch, um ihn vor meiner Freundin in Sicherheit zu bringen. Ich wollte ihn lesen, bevor meine Freundin die Wohnung nach frischen Druckerzeugnissen abscannt, die sie in den Papiermüll schmeißen kann.

Dankenswerterweise hat es meine Freundin selbst übernommen, die Einkäufe in die Schränke zu räumen. Sie sagt, dass sie das Mehl nicht findet, wenn es zwei Zentimeter neben dem Platz steht, wo sie es hinzuräumen pflegt. Ich respektiere das. Verstehen tue ich es nicht, weil ich meine Freundin eigentlich für einen intelligenten Menschen halte und mich darüber wundere, dass sie nicht in der Lage ist, ihre Augen ein bisschen weiter aufzumachen. Zumal sie sich, wie alle Frauen, die ich kenne, viel darauf einbildet, zu hundert Prozent multitaskisch zu sein, und ich muss nicht erwähnen, dass hier die Betonung auf dem Verb »einbildet« liegt.

Wie alle Frauen behauptet auch meine Freundin, Männer litten unter Tunnelblick. Sie bemerkt es nicht einmal, dass sie sich immerzu in Widersprüche verstrickt. Weil ich sie trotzdem liebe, verzichte ich darauf, ihr das klarzumachen. Sonst würde sie womöglich wieder eine Aussprache fordern, bei der sie dann mit ganz dicken Kanonen auf ganz kleine Spatzen schießt. Neulich nahm sie bei einer dieser ganz grundsätzlichen Gespräche sogar das Wort »Menschenrechte« in den Mund. Da tat sie mir dann fast ein bisschen leid.

Als meine Freundin nach einer Stunde und unter permanentem Stöhnen die Einkäufe endlich in den Schränken hatte, sah ich sie den Autoschlüssel nehmen. Kurz darauf stand sie mit diesem Blick, den ich nicht mag, in meinem Arbeitszimmer und kündigte dünnlippig an, dass sie jetzt noch mal zu Lidl fahren werde. Dann kam dieser Satz: »Du hast leider die Basics vergessen. Milch, Butter und Pepsi Cola.« Ich antwortete sehr freundlich, dass ich das nicht vergessen haben kann. Wenn ich es nicht gekauft hätte, habe sie wohl vergessen, diese Dinge auf die Einkaufsliste zu schreiben.

Sie war sofort beleidigt, und bevor die Haustür zufiel, hörte ich sie etwas nuscheln, das ich nicht verstand. Ich wusste trotzdem, was sie genuschelt hatte, nämlich so was wie »Wenn man nicht alles allein macht«. In diesen Momenten bin ich immer ganz glücklich darüber, dass mein Gehör nicht das beste ist, und darüber, dass mein Arbeitszimmer über eine verschließbare Tür und ein gemütliches Sofa verfügt.

Als meine Freundin nach mehr als einer Stunde vom Einkaufen zurückkam, war sie beladen wie ein Esel. Sie hatte mehrere Tüten mit Kram gekauft, den wir schon haben. Sie liebt es, Vorräte anzulegen, als stünde der Weltkrieg bevor. Doch dann sah ich etwas Großes, einen Karton, der mir irgendwie bekannt vorkam: Es war der Entsafter für 29,99 Euro, um den wir fast herumgekommen wären, wenn sie nicht so unkonzentriert gewesen wäre und ihre Pepsi Cola auf der Einkaufsliste vergessen hätte.

Meine Freundin hat dann den ganzen Abend damit zugebracht, die Küchenschränke umzuräumen, denn die neue Maschine bestand aus 32 Zubehörteilen. Und zwischen der verstaubten Nudelmaschine, der elektrischen Geflügelschere mit Rückwärtsgang, der fliegenden Bratengabel mit Garungs-Elektroden, der Eismaschine, den 100 Partygläsern, den sechs Thermoskannen und dem vielen anderen Kram, den wir schon besitzen, den wir aber nie benutzen, war spontan kein Plätzchen frei für ein neues elektrisches Monstrum dieser Größe.

Wieder tat mir die Frau etwas leid. Ich wusste, dass sie die Strafe für diesen »Impulskauf«, wie sie es nennt (ich finde das Wort »Schwachsinnskauf« viel passender), schon erhalten hatte, weil sie mehr als drei Stunden ihrer heiligen Freizeit mit dem Umräumen der Küchenschränke verbringen musste. Ich wusste ziemlich genau, welcher Film während dieser Räumerei in ihrem Kopf abgelaufen ist: Sie rechnete die verschwendete Zeit in Geld um und addierte ihren Arbeitslohn zum Preis der billig gekauften Maschine.

Meine Freundin ist Volkswirtin und versteht etwas von »Opportunitätskosten«, wie sie es nennt. Die Opportunitätskosten, die beim Umräumen der vollen Schränke entstanden, waren vermutlich mal wieder größer als der Preis der Maschine selbst. Meine Volkswirtin wird einmal mehr merken, dass sich das Schnäppchen plötzlich in einen Wertgegenstand verwandelt hat, wenn auch in einen Wertgegenstand von minderer Qualität. Sie hat also nicht nur Platz für etwas Überflüssiges vergeudet, sondern dafür auch noch viel zu viel Geld bezahlt.

Einer sparsamen Mecklenburgerin wie ihr verdirbt diese Selbstanalyse gern mal die ganze Woche. Sie ist wirklich intelligent genug, um zu erkennen, dass sie ihr Ideal von einer leeren, aseptischen Wohnung nie erreichen wird, wenn sie nicht endlich den Discounter wechselt.

Nachdem meine Freundin mit den Umräumarbeiten fertig war, ging sie ins Bett. Sie war mit den Nerven am Ende. Ich sah, dass sie die neueste Ausgabe ihrer Lieblingszeitschrift »Schöner Wohnen« mitnahm. Ich würde also heute erst ins Bett gehen, wenn sie schon schläft, denn nach dieser Lektüre ist sie immer schrecklich gereizt, als litte sie an PMS. Das sage ich ihr natürlich besser nicht, sonst ist die Woche wirklich im Eimer.

Ich nahm mir an jenem Abend viel Zeit, um den Lidl-Prospekt zu studieren, den ich von meinem Einkauf mitgebracht hatte. Darin wurden verschiedene Werkzeuge angepriesen, die meine Neugier weckten. Ich beschloss, in der kommenden Woche einen »Elektronik-Dreieck-Schleifer im Koffer« zu kaufen, mit dem ich dann den einen oder anderen Fleck von der einen oder anderen Oberfläche würde entfernen können. Meine Freundin liebt fleckenfreie Oberflächen.

Ich weiß, dass meine Freundin insgeheim traurig darüber ist, dass sie an einen Intellektuellen mit zwei linken Händen wie mich geraten ist. Eigentlich hätte sie lieber einen Handwerker abgekriegt. Um ihr wenigstens ab und zu das Gefühl zu geben, dass ich der

Mann im Haus bin, der den Zimmermann ersetzt, kaufe ich gelegentlich Werkzeuge, denn immer wenn ich den Akkuschrauber zur Hand nehme, glänzen ihre Augen.

Bevor ich selbst auch ins Bett ging, erbarmte ich mich der Stöße unerledigter Post und anderen Papiers, die in unserem Haus überall herumliegen. Zuerst sortierte ich. Ich trennte Wichtiges von Unwichtigem und heftete die wichtigsten Sachen ab: Finanzamt, Arbeitgeber, Schule, Rechnungen. Die unwichtigen Sachen ließ ich für sie übrig: Gutscheine von Ikea und Douglas, Zeichnungen und Geburtstagseinladungen der Kinder, Gebrauchsanweisungen diverser Küchenmaschinen, Dutzende, zum Teil Jahre alte Postkarten und mindestens 20 Nummern von »Schöner Wohnen«.

Als das mal wieder erledigt war, wurde ich etwas unsicher. Ich hoffte, dass sie es auch diesmal nicht bemerken würde, dass jemand ihr heiliges Ordnungssystem angetastet hatte. Um auf Nummer sicher zu gehen, griff ich zum Mittel der Verschleierung der Tat. Ich holte die Keksdose aus dem Schrank, knabberte ein bisschen und ließ sie zum Schluss auf dem Esszimmertisch stehen. Der Anblick der Keksdose würde ihr Gelegenheit geben, ihren Lieblingssatz zu sagen: »Ich bin doch nicht eure Putzfrau.«

Damit hat sie zweifellos recht. Die Putzfrau kommt nämlich erst morgen. Sie kann dann auch gleich meine Keksdose wegräumen.

Mit dieser Familie hatte ich wirklich großes Glück. Wie sie sich alle anstrengen, damit ich nicht so viel zu tun habe! Ich putze hier dreimal in der Woche und verstehe gar nicht, warum. Meine eigene Wohnung putze ich nur alle 14 Tage, obwohl ich vier Kinder habe. Manchmal finde ich unter ihrem Esszimmertisch noch einen Krümel vom Frühstück. Dann freue ich mich schon fast. Nach spätestens zwei Stunden gibt es nichts mehr zu putzen. Warum sollte ich dann noch länger bleiben?

Die Frau kommt mir nicht richtig glücklich vor. Warum sammelt sie diese Hefte mit fremden Wohnungen, wo doch ihre eigene Wohnung so schön ist? Warum erlaubt sie den Kindern nicht, mit Lego und Bastelsachen im Wohnzimmer zu spielen? Warum soll der Mann seine Kekse nicht auf dem Sofa essen? Er ist doch der Chef im Haus!

Der Mann ist mir zu still. Er ist immerzu am Lesen, aber nie am Arbeiten. Ich verstehe nicht, wie er seine Familie satt kriegt. Ich sehe ihn immerzu nur beim Nichtstun. Er wird aber vermutlich ein Handwerker sein, obwohl ich ihn noch nie handwerkern gesehen habe. Seine Werkstatt im Keller ist jedenfalls sehr stattlich. So viel Werkzeug hat mein Mann nicht.

Der Mann ist außerdem zu weich. Warum verbietet er es seiner Frau nicht, so viele Küchenmaschinen zu kaufen? Und warum macht er den Wocheneinkauf? Er ist doch ein Mann!

Die Kinder sind sehr süß. Aber verwöhnt. Ich arbeite gegen ihre Spielsachen an. Nach und nach lasse ich sie im Staubsauger verschwinden, damit sie nicht den Überblick verlieren.

7. GEGENDARSTELLUNG DER KATZE

Ich will zunächst ganz grundsätzlich feststellen, dass ich sehr gern in meinem Haus lebe. Es ist alles gut eingerichtet, recht komfortabel und nützlich. Es gibt reichlich Zimmer. Störend sind eigentlich nur meine Mitbewohner. Nun, sie sind nicht alle in gleichem Maße störend, das muss der Gerechtigkeit halber gesagt werden. Ich finde es zum Beispiel sehr rücksichtsvoll, wenn sie für mich an allen Plätzen der Wohnung Zeitungen, Zeitschriften und leere Kartons bereitlegen. Kartons sind hervorragende Schlafplätze. Solche Schlafplätze finde ich im ganzen Haus, mal im Keller, mal in der Küche, je nachdem, wer die Kartons für mich gebracht hat. Der größte meiner Mitbewohner legt sie vorzugsweise im Keller für mich bereit. Die Zweitgrößte von ihnen verteilt Kartons für mich im ganzen Haus, etwas häufiger allerdings in der Küche. Sie versteht am besten, wie sie ihrem Daseinszweck gerecht wird, der ja immer noch darin besteht, mich glücklich zu machen.

Ich liebe Kartons. Man kann hineinkriechen und die Stille und Dunkelheit genießen. Man kann sich aber auch obendrauf legen. Von dort hat man einen außerordentlich guten Überblick. Ich mag beides gern, denn ich bin eine undogmatische Hausbesitzerin.

Die Zeitungen liegen vorzugsweise neben dem Klo. Das Klo sollte man als Schlafplatz nicht unterschätzen. Jeden Tag liegen hier frische Zeitungen, was mir die Angewohnheit eingebracht hat, hier meinen Morgenschlaf zu halten. Der größte meiner Mitbewohner legt sie hier extra für mich bereit. Darum mag ich auch ihn.

Wenn der Morgen vorüber ist, wechsele ich den Schlafplatz gezwungenermaßen, weil die zweitgrößte meiner Mitbewohner die Zeitungen abholt und wegbringt. Das finde ich sehr unsympathisch von ihr. Eigentlich empörend. Manchmal benimmt sie sich in diesem Haus wie die Hausherrin. Allerdings macht sie ihre Rücksichtslosigkeit wieder wett, denn sie legt regelmäßig Zeitschriften bereit.

Zeitschriften sind zwar weniger bequem als Zeitungen, sie sind zu glatt, zu kalt. Und die bunten Bildchen stören meine kontemplative Aura. Aber zu verachten sind sie auch nicht, vor allem weil sie eine längere Verweildauer in meinem Haus haben als die Zeitungen. Es dauert deutlich länger, bis sie entfernt werden. Plötzlich liegen sie nicht mehr auf dem Sofa, sondern im Bett.

Zum Schluss landen sie auf einem wackeligen Stoß, der als Schlafplatz gänzlich untauglich ist. Das tut mir nun wiederum der größte meiner Mitbewohner an. Obwohl er am Morgen immer so freundlich ist. Ich verstehe nicht, warum diese Leute, denen ich in meinem Haus Quartier biete, so wechselhaft sind.

Die beiden ganz kleinen meiner Mitbewohner sind mit Abstand die angenehmsten. Die größere der Kleinen baut mir regelmäßig Häuser. Sie nennt es »basteln«. Ich habe den Eindruck, dass sie sehr geschickt ist, denn die Häuser macht sie aus Sachen, die vorher keine Häuser waren, zum Beispiel aus Papier, Pappe, Buntstiften und Klebstoff. Es ist mir egal, dass sie nach dem Basteln Papierschnipsel rumliegen lässt, nur die Zweitgrößte gerät dann immer aus der Fassung. Einen Wermutstropfen stellt die Tatsache dar, dass sie auch meine Zeitungen und Zeitschriften zerschneidet, um damit das Papierhaus zu »dekorieren«, wie sie es nennt. Aber ich verzeihe ihr, denn es ist ja für einen guten Zweck. Zum Schluss, und das schätze ich besonders an ihr, legt sie mir schöne Dinge ins Haus. Spitzendeckchen, Kissen und Stofftiere. Ich weiß Wohnästhetik zu schätzen.

Die Kleinere der beiden sorgt sich eher um meine körperliche Gesundheit. Jeden Tag verteilt sie kleine und kleinste Legoteile in meinem Haus. Mit diesen Kleinteilen kann ich hervorragend Jagen üben. Ich schubse und trete und kicke sie durch die Zimmer, renne hinterher und versuche, sie weiterzukicken, bevor sie in einer Ecke landen. Das hält mich fit und schärft meine Instinkte.

Die Schlimmste von allen Mitbewohnern ist die, die nur dreimal in der Woche da ist. Wenn sie kommt,

zerstört sie in kürzester Zeit mein ganzes Wohnpara-
dies. In nur zwei Stunden sind sämtliche Kartons in Küche und Keller platt gemacht. Die Zeitungen und Zeitschriften entfernt sie aus den entlegensten Ecken, und
mein Trainingsspielzeug rauscht durch diese schreckliche Maschine mit dem langen Rüssel. Die anderen
Mitbewohner haben wenigstens Ansätze eines guten
Charakters. Aber bei dieser sehe ich nur Zerstörungs-
wut.

Ich werde es der kleineren meiner beiden großen
Mitbewohner klarmachen, dass ich diese Frau als Mit-
bewohnerin nicht akzeptiere. Ich werde schon einen
Weg finden, sie wieder loszuwerden. Es wäre auch nicht
das erste Mal, dass diese aufdringlichen Besucherinnen
rausfliegen. Immerhin bin ich hier die Chefin.

8. GEGENDARSTELLUNG DER KINDER

Unsere Mutter ist super. Aber manchmal spinnt sie.

Ich danke meinem Kollegen Joachim Bessing, ohne dessen Ermunterung ich nie ein Buch geschrieben hätte.

Berlin, im März 2012   Kathrin Spoerr